数字时代信息资源管理丛书

丛书主编◎刘越男

基于智能技术的档案开放鉴定

杨建梁　著

知识产权出版社

全国百佳图书出版单位

—北京—

图书在版编目（CIP）数据

基于智能技术的档案开放鉴定/杨建梁著. —北京：知识产权出版社，2025.3. —（数字时代信息资源管理丛书/刘越男主编）. —ISBN 978 - 7 - 5130 - 9782 - 6

Ⅰ. G27 - 39

中国国家版本馆 CIP 数据核字第 20256A0N14 号

内容提要

开放鉴定是档案开放利用的重要前置工作，决定了档案开放水平。本书结合近年来人工智能技术与档案开放鉴定的实践进展，对档案开放鉴定的前沿进展、模型构建、关键环节、可解释性问题以及大语言模型在档案开放鉴定中的应用展开讨论，尝试拓展档案开放鉴定的相关理论知识，丰富档案开放鉴定的实践方向，以期为档案开放鉴定现代化发展提供参考与借鉴。

责任编辑：王玉茂　　　　　　　　　　责任校对：王　岩

封面设计：杨杨工作室·张冀　　　　　责任印制：刘译文

数字时代信息资源管理丛书

基于智能技术的档案开放鉴定

杨建梁　著

出版发行：**知识产权出版社**有限责任公司	网　　址：http：//www.ipph.cn
社　　址：北京市海淀区气象路 50 号院	邮　　编：100081
责编电话：010 - 82000860 转 8541	责编邮箱：wangyumao@cnipr.com
发行电话：010 - 82000860 转 8101/8102	发行传真：010 - 82000893/82005070/82000270
印　　刷：三河市国英印务有限公司	经　　销：新华书店、各大网上书店及相关专业书店
开　　本：787mm×1092mm　1/16	印　　张：11.5
版　　次：2025 年 3 月第 1 版	印　　次：2025 年 3 月第 1 次印刷
字　　数：200 千字	定　　价：70.00 元

ISBN 978 - 7 - 5130 - 9782 - 6

丛书编委会

主　编　刘越男

编　委　（按姓氏笔画排序）

王英玮　卢小宾　冯惠玲　安小米

张　斌　张美芳　周晓英　索传军

贾君枝　梁继红

前　言

2021 年 1 月 1 日实施的《中华人民共和国档案法》，将档案封闭期由 30 年缩短为 25 年，并进一步强化档案开放利用责任，调整和明确了档案开放和利用的相关要求。开放鉴定，亦称"开放审核"，是指对经过封闭期的档案进行鉴定，对于可以开放的档案，进一步判断其开放级别。开放鉴定是档案开放利用的重要前置工作，决定了档案开放水平。传统的档案开放鉴定工作以档案馆和立档单位或移交单位共同成立的鉴定委员会为鉴定主体，通过人工阅读分析的方式逐件或逐卷进行开放鉴定。这种鉴定方式面对数据时代的海量档案时，往往表现出效率上的劣势，使得档案馆面临巨大的开放鉴定压力。面对规模与效率之间的矛盾，鉴于人工智能（artificial intelligence，AI）工具在自动化处理中的应用潜力，尤其是大语言模型所展现出的巨大技术优势，不少档案机构开始利用人工智能等新一代信息技术来辅助档案开放鉴定工作。2017 年，英国国家档案馆等国外档案馆提出尝试利用人工智能技术来辅助档案的开放鉴定。同时，我国浙江、福建、四川、广东、江苏、江西等多地的综合档案馆开展了使用人工智能技术应对大规模档案开放鉴定的实践。本书结合近年来人工智能技术与档案开放鉴定的实践进展，重点对档案开放鉴定的前沿进展、模型构建、关键环节、可解释性问题以及大语言模型在档案开放鉴定中的应用开展了讨论，尝试拓展档案开放鉴定的相关理论，丰富档案开放鉴定的实践方向，以期为我国档案事业现代化贡献绵薄之力。在本书完稿之际，特别感谢刘越男教授、梁凯先生为本书的相关研究提供支持，感谢张茜雅、贺谭涛、郭姝麟、钟瑞玲等同学为本书作出的贡献。

术语缩略词

中文名称	英文全称	英文简称
变分图自编码器	variational graph autoencoders	VGAE
编码档案著录	encoded archival description	EAD
词袋模型	bag – of – words	BOW
词频 – 逆文件频率	term – frequency – inverse document frequency	TF – IDF
大语言模型	large language model	LLM
多层感知器	multilayer perceptron	MLP
个人可识别信息	personally identifiable information	PII
关系图卷积神经网络	relationship – graph convolutional neural network	R – GCNN
光学字符识别	optical character recognition	OCR
广度优先搜索	breadth – first search	BFS
广义线性回归模型	generalized linear model	GLM
汉语词汇分析	lexical analysis of chinese	LAC
假阳性	false positive	FP
假阴性	false negative	FN
检索增强	retrieval augmented generation	RAG
节点向量		Node2Vec
卷积神经网络	convolutional neural network	CNN
决策树	decision tree	
均方根误差	root mean squared error	RMSE
均方误差	mean – square error	MSE
可解释人工智能	explainable AI	EAI
可扩展标记语言	extensible markup language	XML
蒙特卡洛树搜索	monte carlo tree search	MCTS
平均绝对误差	mean absolute error	MAE
朴素贝叶斯分类器	native bayes classifier	NBC
潜在语义索引	latent semantic indexing	LSI

中文名称	英文全称	英文简称
确定有穷自动机	deterministic finite automation	DFA
人工智能	artificial intelligence	AI
深度随机游走	deepwalk	
深度图信息最大化	deep graph infomax	DGI
深度优先搜索	depth – first search	DFS
生成对抗网络	generative adversarial network	GAN
双向编码器表征法	bidirectional encoder representations from transformers	BERT
双向长短期记忆网络	bidirectional long short – term memory	BI – LSTM
随机森林	random forest	RF
条件随机场	conditional random fields	CRF
通用人工智能	general purpose artificial intelligence	GPAI
图卷积网络	graph convolutional network	GCN
图循环神经网络	graph recurrent neural network	GRNN
图注意力网络	graph attention networks	GAT
图自编码器	graph autoencoders	GAE
稳健优化的 BERT 预训练方法	robustly optimized BERT pretraining approach	RoBERTa
线性整流函数	rectified linear unit	ReLU
循环神经网络	recurrent neural network	RNN
隐马尔可夫模型	hidden markov model	HMM
长短时记忆网络	long short – term memory	LSTM
真阳性	true positive	TP
真阴性	true negative	TN
支持向量机	support vector machine	SVM
资源描述框架	resource description framework	RDF
自然语言处理	natural language processing	NLP
自然语言理解	natural language understanding	NLU
K – 最近邻	K – nearest neighbor	KNN

目　　录

第1章
人工智能技术与档案管理的交叉融合

1.1 人工智能的起源与发展

人工智能作为一门跨学科的前沿科学，其发展历程充满了创新与挑战。人工智能的起源可以追溯到古代神话和哲学思考，早期人类就已经开始幻想和探讨自主机器的可能性。随着科学技术的发展，特别是计算机科学的兴起，人工智能逐渐从理论走向实践。20世纪中期，艾伦·图灵（Alan Turing）提出的图灵测试，成为人工智能研究的一个重要里程碑。1956年8月，达特茅斯会议的召开正式确立了人工智能作为一个独立学科的地位，开启了人工智能研究的黄金时代。

1.1.1 早期概念与理论

古希腊神话中的机械生物塔罗斯（Talos）展示了人类对自主机器的早期思考。❶ 塔罗斯是一个由青铜制成的巨人，负责保护克里特岛。这一神话体现了人类

---

❶ EKMEKCI P E，ARDA B. Artificial intelligence and bioethics［M］. Berlin：Springer Nature，2020.

对制造智能机器的早期幻想。

艾伦·图灵在 1936 年提出了图灵机的概念，并在 1950 年提出了图灵测试，以探讨机器能否表现出人类智能。❶图灵机是现代计算机科学的基础，它通过抽象的数学模型描述了计算过程。图灵测试则提出了一个简单但深刻的问题：如果一台机器能够在对话中表现得与人类无异，那么我们是否可以认为它具有人类智能呢？这一问题至今仍在激发着人类关于人工智能本质的讨论。

1945 年，冯·诺依曼（von Neumann）提出了存储程序计算机的概念，为现代计算机的结构奠定了基础。❷冯·诺依曼架构将程序和数据存储在同一内存中，使得计算机能够灵活地执行各种任务。这一架构至今仍是计算机设计的主流，为人工智能算法的实现提供了硬件基础。

早期的人工智能概念和理论具有三个显著特点。首先，这些理论多为抽象的数学模型和哲学思考，缺乏具体的实现手段。艾伦·图灵在 1936 年提出的图灵机概念和在 1950 年提出的图灵测试，都是现代计算机科学的基础，即通过抽象的数学模型描述计算过程。其次，相关理论展示了对未来智能机器的远见，尽管技术水平有限，但它们为后来的科学家提供了前瞻视角。最后，早期的人工智能概念涉及数学、哲学、工程学等多个学科，为后来的跨学科研究奠定了基础。1945 年，冯·诺依曼提出的存储程序计算机概念，为现代计算机的结构提供了基础，使得计算机能够灵活地执行各种任务。早期的人工智能概念和理论不仅在技术上奠定了基础，而且在哲学和伦理层面引发了后人深刻的思考。这些早期的探索为人工智能的未来发展指明了方向，成为后续研究的重要基石。

1.1.2 中期瓶颈与遇冷

20 世纪 70 年代初，MYCIN 系统在医学诊断中表现出色，这是人工智能在特定领域应用的标志性成果。❸MYCIN 是一个基于规则的专家系统，能够在有限的领域内模拟人类专家的决策过程。它成功展示了人工智能在特定领域的潜力，但也暴

❶ TURING A M. On computable numbers, with an application to the Entscheidungsproblem [J]. Journal of Mathematics, 1936, 58: 5.
❷ NILSSON N J. The quest for artificial intelligence [M]. London: Cambridge University Press, 2009.
❸ CREVIER D. AI: the tumultuous history of the search for artificial intelligence [M]. New York: Basic Books Inc. , 1993.

露了其在通用智能方面的局限性。

由于期望与实际能力之间的差距，因此 20 世纪 70 年代末至 20 世纪 80 年代末全球用于人工智能研究的资金减少，导致人工智能进入了"寒冬"时期。这一时期，许多人工智能项目因未能达到预期效果而被迫终止，研究人员也转向其他领域。然而，这一阶段的挫折并未阻止人工智能的发展，反而促使研究者们开始反思和改进技术方法。

在这一时期，人工智能研究的瓶颈主要体现在计算能力和算法效率的限制上。尽管理论上已经有了许多突破，但实际应用中仍然面临巨大的挑战。例如，专家系统虽然在特定领域表现出色，但其规则库的构建和维护成本高昂，难以应对复杂多变的现实环境。此外，早期的机器学习算法在处理大规模数据时效率低下，限制了其应用范围。

尽管如此，这一时期的研究仍为后来的人工智能发展奠定了重要基础。研究者们在反思中逐渐认识到，单纯依靠规则和逻辑推理难以实现通用智能，开始探索新的方法和技术，如神经网络和遗传进化算法。同时，计算机硬件的不断进步也为人工智能技术的突破提供了可能。中期的瓶颈与遇冷不仅是人工智能发展历程中的挫折，而且是推动技术进步和方法创新的重要契机。

1.1.3 现代发展与突破

20 世纪 80 年代末，美国电话电报公司（AT&T）的贝尔实验室开发了用于语音识别的系统，推动了自然语言处理的发展。[1] 这一项目的成功不仅提升了语音识别技术的准确性，而且为后来的智能助理和语音交互系统奠定了基础。2012 年，AlexNet 在 ImageNet 图像识别挑战中取得的成功标志着深度学习时代的到来。[2] AlexNet 通过使用卷积神经网络（convolutional neural network，CNN）显著提升了图像识别的准确性，开启了深度学习在各个领域的广泛应用。深度学习的突破不仅推动了计算机视觉的发展，而且推动自然语言处理、语音识别等领域的快速发展。

2014 年，伊恩·古德费洛（Ian Goodfellow）提出了生成对抗网络（generative

---

[1] MCCORDUCK P, CFE C. Machines who think：A personal inquiry into the history and prospects of artificial intelligence ［M］. S. l. ：AK Peters/CRC Press，2004.

[2] LECUN Y, BENGIO Y, HINTON G. Deep learning ［J］. Nature，2015，521：436 – 444.

adversarial networks，GAN），开创了人工智能在生成性任务中的新方向。❶ GAN 通过两个神经网络的对抗训练，能够生成高质量的图像、音频和文本。这一技术在图像生成、数据增强和艺术创作等领域展现了巨大的潜力。2016 年，谷歌公司的 AlphaGo 击败围棋世界冠军李世石，展示了人工智能在进行复杂战略游戏方面的能力。❷ AlphaGo 结合了深度学习和蒙特卡洛树搜索（monte carlo tree search，MCTS）算法，能够在极其复杂的围棋对局中作出高水平的决策。这一成就不仅展示了人工智能在特定任务中的卓越表现，而且引发了关于人工智能潜力和伦理问题的广泛讨论。强化学习算法被应用于机器人控制和复杂策略游戏中，例如谷歌公司的 AlphaStar 在星际争霸中的应用。❸ 强化学习算法通过与环境的交互学习最优策略，能够在不确定和动态的环境中作出决策。这一技术在自动驾驶、金融交易和智能制造等领域具有广泛的应用前景。2020 年，谷歌公司的 AlphaFold 在蛋白质结构预测上取得了突破，解决了生物学中的一个重大挑战。❹ AlphaFold 通过深度学习算法，能够准确预测蛋白质的三维（3D）结构，从而有望加速药物研发和生物技术的进步。

2017 年，谷歌公司推出的 Transformer 模型显著提升了自然语言处理的能力。Transformer 模型是 OpenAI 公司的生成型预训练变换模型（chat generative pre-trained transformer，GPT）和谷歌公司的双向编码器表征法（bidirectional encoder representations from transformers，BERT）等模型的基础。❺ Transformer 模型通过自注意力机制（self-attention）解决了传统序列模型在处理长序列时的效率问题，大幅提升了语言模型的性能。谷歌公司基于 Transformer 模型在机器翻译、文本生成和问答系统等研发工作中取得了显著进展。2020 年，OpenAI 公司发布了 GPT-3，它是一个大型自然语言处理模型，约有 1750 亿参数，显著提升了人工智能在语言

❶ GOODFELLOW I，POUGET-ABADIE J，MIRZA M，et al. Generative adversarial nets ［J］. Advances in Neural Information Processing Systems，2014（2）：2672-2680.

❷ SILVER D，HUANG A，MADDISON C J，et al. Mastering the game of Go with deep neural networks and tree search ［J］. Nature，2016，529（7587）：484-489.

❸ SILVER D，HUBERT T，SCHRITTWIESER J，et al. A general reinforcement learning algorithm that masters chess，shogi，and go through self-play ［J］. Science，2018，362（6419）：1140-1144.

❹ SENIOR A W，EVANS R，JUMPER J，et al. Improved protein structure prediction using potentials from deep learning ［J］. Nature，2020，577（7792）：706-710.

❺ VASWANI A，SHAZEER N，PARMAR N，et al. Attention is all you need ［J］. Advances in Neural Information Processing Systems，2017，30.

生成和理解方面的能力。❶ GPT－3 能够生成高质量的文本，完成各种语言任务，例如写作、翻译和对话，展示了大规模预训练语言模型的智能化应用潜力。

从语音识别到图像识别，再到复杂策略游戏，当代发展的人工智能技术在实际应用中取得的显著成功展示了其在多个领域的强大能力。这些技术突破往往依赖于深度学习和强化学习等先进算法，这些算法通过大量数据和计算资源实现了前所未有的性能提升。相关技术的发展不仅推动了人工智能在医疗、金融、交通等领域的广泛应用，而且促使研究者和政策制定者更加关注人工智能技术的安全性和可控性。

1.1.4　前沿领域与未来

（1）人工智能与量子计算

量子计算被认为是未来计算技术的革命性突破，它能够在某些特定任务上显著超越传统计算机的性能。人工智能与量子计算的结合有望解决当前计算能力的瓶颈，推动人工智能算法在更大规模和更复杂问题上的应用。❷ 量子机器学习算法可以在大数据分析、优化问题和材料科学等领域展现出巨大的潜力。量子计算在解决组合优化问题、模拟量子系统和加速机器学习训练方面具有显著优势。谷歌公司的量子计算团队在 2023 年展示了一种新的量子算法，可以在几秒钟内解决传统计算机需要数千年才能解决的问题。IBM 公司和微软公司等也在积极开发量子计算平台，并与人工智能研究机构合作，探索量子人工智能的实际应用。量子计算与人工智能的结合不仅能够突破现有计算能力的限制，而且能为科学研究、金融分析、药物开发等领域带来革命性的进步，从而推动新技术的创新和应用，促进经济和社会的发展。

（2）人工智能与区块链

区块链技术提供了去中心化和不可篡改的数据存储方式，与人工智能的结合可以增强数据的安全性和透明度。❸ 例如，区块链可以用于记录和验证人工智能模

---

❶ BROWN T, MANN B, RYDER N, et al. Language models are few－shot learners ［J］. Advances in Neural Information Processing Systems, 2020, 33: 1877－1901.

❷ ARUTE F, ARYA K, BABBUSH R, et al. Quantum supremacy using a programmable superconducting processor ［J］. Nature, 2019, 574 (7779): 505－510.

❸ SWAN M. Blockchain: Blueprint for a new economy ［M］. S. l.: O'Reilly Media Inc., 2015.

型的训练数据，确保数据的真实性和完整性。此外，智能合约可以自动执行和管理人工智能系统的运行，提高效率和可靠性。欧盟在 2023 年发布的《欧盟数字市场法案》（Digital Markets Act，DMA）中强调了区块链技术在数据管理和隐私保护中的重要性。人工智能与区块链的结合能够提升数据管理的安全性和透明度，促进信任机制的建立。这对于金融、医疗、供应链等领域具有重要意义，有助于构建更加安全和高效的数字经济生态系统。

（3）人工智能与边缘计算

边缘计算将计算资源从中心云端分散到网络边缘，能够降低延迟、提高数据处理效率。❶ 边缘人工智能设备可以在本地处理传感器数据，实时做出响应，提高系统的可靠性和安全性。亚马逊公司、微软公司和谷歌公司等科技巨头陆续推出了边缘计算平台，这些平台集成了人工智能功能，能够在本地设备上运行复杂的人工智能模型。人工智能与边缘计算的结合能够实现实时、高效的数据处理和决策，适应各种复杂和动态的应用场景，从而推动智能制造、智慧城市、自动驾驶等领域的发展，进一步提高社会生产力和生活质量。

（4）人工智能伦理与法律

随着人工智能技术的快速发展，伦理和法律问题日益凸显。如何确保人工智能系统的公平性、透明性和可解释性？如何保护用户隐私和数据安全？如何应对人工智能带来的就业和社会变革？这些都是亟待解决的问题。❷ 国际社会和各国政府需要制定相应的法律法规和伦理准则，确保人工智能技术的健康发展和合理应用。为了应对人工智能伦理问题，2023 年，欧盟通过了《人工智能法案》（Artificial Intelligence Act），该法案对高风险人工智能系统的开发和使用提出了严格的监管要求；美国国家标准与技术研究院（NIST）发布了《人工智能风险管理框架 1.0》（artificial intelligence risk management framework，AI RMF 1.0），为美国各研究机构和企业提供了人工智能系统风险评估和管理的指导。由此可见，制定和实施人工智能伦理和法律规范能够确保人工智能技术的合规应用，保护用户权益，促进社会的可持续发展，从而构建负责任和可信赖的人工智能生态系统。

---

❶ SHI W, CAO J, ZHANG Q, et al. Edge computing：vision and challenges ［J］. IEEE Internet of Things Journal, 2016, 3（5）：637-646.

❷ BOSTROM N. Superintelligence：paths, dangers, strategies ［M］. Oxford：Oxford University Press, 2014.

1.2　人工智能的场景与应用

人工智能技术的迅猛发展正在深刻改变各行各业的运作方式。通过结合大数据、深度学习、自然语言处理等技术，人工智能在金融、医疗、交通、科学研究、政务和教育等领域展现出巨大的应用潜力和实际效果。人工智能技术具有卓越的数据处理能力，能够快速、高效地处理和分析海量数据，从中提取有价值的信息和模式。

人工智能技术具有高度的自动化和智能化特性，通过深度学习和机器学习算法，人工智能系统可以自主学习和优化，不断提高自身的性能和准确性。例如，自动驾驶技术通过人工智能系统的学习和优化，能够实现车辆的自主导航和驾驶，减少交通事故，提高交通效率；在制造业中，人工智能可以在自动化生产线上的各个环节，提高生产效率，降低成本。此外，人工智能技术具有强大的预测和决策能力，通过对历史数据的分析和建模，人工智能可以预测未来的趋势和变化，帮助企业和政府作出更科学的决策。例如，在科学研究领域，人工智能可以通过对大量实验数据的分析，预测实验结果，指导研究方向；在政务领域，人工智能可以分析社会经济数据，预测政策实施的效果，帮助政府制定更有效的政策。在一些领域，人工智能技术还具有高度的个性化和定制化能力，通过对用户行为和偏好的分析，人工智能可以为用户提供个性化的服务和产品。例如在教育领域，人工智能可以根据学生的学习情况和兴趣，制订个性化的学习计划，提高学习效果；在医疗领域，人工智能可以根据患者的病史和基因数据，提供个性化的治疗方案，提高治疗效果。

1.2.1　金融领域：摩根大通集团的 COiN 平台

摩根大通集团（JPMorgan Chase & Co.）是全球最大的银行机构之一，致力于通过技术提升效率和降低成本。智能合同（contract intelligence，COiN）平台是其技术创新的关键，旨在利用人工智能自动化审查商业贷款协议。传统上，这一过程需要律师和银行员工每年花费约 360000 小时进行手动审查。COiN 平台使用无监督机器学习算法，在摩根大通集团的私有云网络上运行，使文档自动化审查，识别并提取合同中的关键属性。❶

COiN 平台的设计初衷是解决传统文档审查过程中的低效和高成本问题。商业贷款协议通常包含大量复杂的法律条款和细节，手动审查不仅耗时，而且容易出现人为错误。通过引入人工智能技术，COiN 平台能够在几秒钟内完成对合同的分析和关键属性的提取，大大提高了工作效率。该平台利用图像识别技术和自然语言处理技术，能够准确区分和分析不同类型的合同，确保审查过程的准确性和一致性。

通过自动化文档审查，COiN 平台显著减少了合同分析所需的时间和资源，使公司的法务或律师能够更专注于战略性的任务。自动化日常任务减少了大量人工劳动需求，降低了与人工审查相关的错误率。根据摩根大通集团的估计，COiN 平台每年可以为公司节省数百万美元的运营费用，这些节省下来的资源可以重新投入其他关键业务领域。摩根大通集团将人工智能技术应用于更多的法律和金融文档审查，以便更快地响应市场变化和客户需求，提供更高质量的服务，进而增强了其在市场中的竞争力。❷

1.2.2 医疗领域：IBM 公司的 Watson for Oncology 系统

IBM 公司的 Watson for Oncology 系统是识别癌症患者有效治疗方案的宝贵工具，它利用人工智能快速处理和分析大量数据，旨在通过提供数据驱动的治疗建议，辅助肿瘤科医生作出决策。Watson for Oncology 系统使用自然语言处理和机器学习算法，根据最新的医学证据评估治疗方案，结合患者的病史数据和当前的临床指南，生成治疗建议。在印度班加罗尔的 Manipal 综合癌症中心进行的一项研究中，Watson for Oncology 系统的建议与多学科肿瘤委员会的乳腺癌治疗决策的一致性达到了 93%。❸

---

❶❷ JPMorgan Chase & Co. J. P. Morgan 2016 Annual Report ［EB/OL］. ［2024 - 08 - 06］. https：// reports. jpmorganchase. com/investor - relations/2016/pdf/2016 - annualreport. pdf.

❸ SOMASHEKHAR S P, SEPÚLVEDA M J, PUGLIELLI S, et al. Watson for oncology and breast cancer treatment recommendations：agreement with an expert multidisciplinary tumor board ［J］. Annals of Oncology, 2018, 29 (2)：418 -423.

Watson for Oncology 系统的核心优势在于其强大的数据处理和分析能力。传统的肿瘤治疗决策过程依赖于医生的经验和知识，但面对海量的医学文献和不断更新的治疗指南，医生很难全面且及时地掌握所有信息。Watson for Oncology 系统通过分析全球范围内的医学文献、临床试验数据和治疗指南，能够快速提供基于最新证据的治疗建议。这不仅提高了治疗决策的科学性和准确性，而且帮助医生节省了大量时间，使其能够专注于患者护理而非数据分析。Watson for Oncology 系统不仅能够提供标准化的治疗建议，而且能够根据患者的具体情况进行个性化调整。例如，对于同一种癌症，不同患者可能有不同的病史、基因特征和生活方式，Watson for Oncology 系统能够综合考虑这些因素，提供最适合患者的治疗方案。

1.2.3　交通领域：Apollo 平台的自动驾驶汽车

百度在线网络技术（北京）有限公司（以下简称"百度公司"）旗下的 Apollo 平台是一个集成了软硬件的综合性平台，旨在促进自动驾驶汽车在各种场景中的部署。❶ 该平台的成员之一 Apollo RT6 是一款专为自动驾驶设计的电动车，具有模块化设计和可选的方向盘，能够提供更多的内部空间用于额外座位或娱乐系统。Apollo RT6 的设计不仅体现了百度公司在自动驾驶技术上的创新能力，而且展示了其在车辆设计和用户体验方面的深刻理解。截至 2023 年 7 月，百度公司的 Apollo Go 自动驾驶出租车服务已在北京、河北沧州和湖南长沙等多个城市运营，乘客可以通过智能手机应用程序叫车，成为我国自动出租车商业部署的重要里程碑。❷

百度公司开发的自动驾驶技术旨在提高道路安全性和交通效率。一方面，通过集成先进的传感器技术，如激光雷达、摄像头和雷达，百度 Apollo 平台能够实时感知周围环境，做出快速反应，避免潜在危险，从而减少由人为错误引起的交通事故。另一方面，百度 Apollo 平台利用大数据和人工智能算法分析交通流量，预测拥堵情况，并为车辆提供最优路线建议，从而减少行车时间和燃料消耗。

百度 Apollo 平台不断扩展其应用场景，不仅限于城市道路，还包括高速公路、停车场和物流配送等。百度公司正在开发的自动驾驶卡车和无人配送车，旨在解

❶ ZHAO M F. AI drive in transportation should be human – centric ［EB/OL］. （2024 – 07 – 11）［2024 – 08 – 06］. https：//www. chinadaily. com. cn/a/202407/11/WS668f9aaca31095c51c50d9e0. html.
❷ WANG Y. Driverless robotaxi services launched in Shanghai's Pudong district ［EB/OL］. （2023 – 07 – 08）［2024 – 08 – 06］. https：//global. chinadaily. com. cn/a/202307/08/WS64a96b91a310bf8a75d6e075. html.

决物流行业的效率和成本问题。借助自动驾驶技术，物流车辆可以实现 24 小时不间断运行，减少人力成本，提高配送效率。此外，百度公司还在探索自动驾驶技术在公共交通中的应用，如自动驾驶公交车和地铁，进一步提升城市交通系统的智能化水平。百度公司的自动驾驶技术非常注重用户体验，比如通过不断优化人机交互界面，使乘客在使用自动驾驶出租车时感到更加舒适和安全；百度公司还在其车辆内部安装了娱乐系统，包含丰富的多媒体内容，能够为乘客提供更好的娱乐体验。百度 Apollo 平台配备了先进的语音识别和自然语言处理技术，乘客可以通过语音指令与车辆进行互动，获取行程信息和服务建议。

1.2.4　科学研究：MindSpore 在蛋白质结构预测中的应用

昇思（MindSpore）是华为技术有限公司（以下简称"华为公司"）开发的 AI 计算框架，集成了深度学习和科学计算。它在蛋白质结构预测中的应用尤为突出，这是生物研究中的关键领域。❶ 蛋白质结构预测是理解生物过程和开发新疗法的基础，传统方法通常依赖于实验技术，如 X 射线晶体学和核磁共振，既耗时又昂贵。MindSpore 利用人工智能算法根据氨基酸序列预测蛋白质结构，显著提高了预测的速度和准确性，这一能力对于理解生物过程和开发新疗法至关重要。

利用华为公司的昇腾（Ascend）人工智能处理器，MindSpore 能够高效处理蛋白质建模所需的大量数据和复杂计算，适合处理科学研究中涉及的大量数据，从而帮助研究人员更快地获得准确的蛋白质结构信息，为生物医学研究提供强有力的支持。MindSpore 是开源的，允许研究人员访问和修改框架以用于各种科学应用，全球的研究人员都可以共享和改进 MindSpore 的算法和工具，有助于形成一个协作和创新的生态系统。通过这种合作，研究人员可以共同解决复杂的科学问题，加速科学发现的进程。

MindSpore 在蛋白质结构预测中的应用展示了人工智能如何加速科学发现并增强人们对复杂生物系统的理解。通过提供更准确和高效的研究工具，MindSpore 为生物医学领域的新疗法和解决方案的发展作出了贡献。人工智能技术的引入不仅提高了蛋白质结构预测的效率，而且为研究人员提供了新的研究方法和思路。研

---

❶　Huawei Technologies Co., Ltd. Huawei mindspore AI development framework ［M］. Singapore：Springer Nature Singapore，2022：137－162.

究人员可以利用 MindSpore 进行大规模的蛋白质结构预测，探索蛋白质的功能和相互作用，揭示生物过程的机制。MindSpore 的应用还促进了生物医学研究的个性化和精准化，通过分析患者的基因数据和蛋白质结构，研究人员可以开发个性化的治疗方案，提高治疗的效果和安全性。

1.2.5　政务领域：北京市政务服务智能个性化系统

北京市政务服务智能个性化系统依托北京智源人工智能研究院开发的"悟道2.0"智能信息模型，旨在通过人工智能技术改善市民的办事体验。该系统采用"一问一答"的方式，能够根据用户的具体需求和条件，自动生成个性化的办事指南和材料清单。这种方式帮助用户更清晰地了解所需的流程和材料，避免了因信息不对称而导致的重复跑腿和时间浪费。❶ 用户还可以通过该系统获得实时的在线帮助，包括申请材料的审核、信息填报指导等服务。这些服务显著提高了政府部门的办事效率和用户满意度，使市民和企业在办理政务时更加便捷和高效。

该系统还利用大数据和用户画像技术，分析和预测用户需求，为用户提供主动提醒、政策推送、服务推荐等个性化服务。通过整合用户分散在各部门的办事信息和电子证照，该系统建立了个性化专属档案，极大地方便了市民和企业的使用。例如，当用户需要办理某项业务时，系统会根据其历史办事记录和当前需求，自动生成所需的材料清单和办理流程，并提供相关政策的最新信息。这种个性化服务不仅提高了用户的办事效率，而且增强了用户对政府服务的满意度和信任感。

北京市推行的"接诉即办"功能利用人工智能技术提升"12345"市民热线的响应能力，通过分析大量历史数据来预测和处理市民诉求。该功能通过智能分析市民的投诉和建议，快速识别和定位问题，并自动分配给相关部门进行处理。通过这种方式，市民的诉求能够得到更快速和有效的解决，政府的响应速度和服务质量也得到了显著提升。此外，该系统还能够通过数据分析，发现市民诉求的共性问题，帮助政府制定更有针对性的政策和措施，进一步提升公共服务的质量和效率。

---

❶　沙雪良. 北京接诉即办加速数字化转型，使用中国首个超大规模智能模型［EB/OL］.（2022 - 01 - 26）［2024 - 08 - 06］. https：//zwfwj. beijing. gov. cn/zwgk/mtbd/202201/t20220125_ 2599905. html.

1.2.6 教育领域：奥克兰大学的人工智能聊天机器人系统

美国奥克兰大学与 IBM 公司合作开发了一个名为 UoA Assistant 的人工智能聊天机器人系统，以应对虚拟学习环境所带来的挑战，例如学生查询激增和信息动态变化。UoA Assistant 基于 IBM watsonx Assistant 和 IBM Watson Discovery 平台，使用先进的自然语言理解（natural language understanding，NLU）高效处理大量重复性问题，并与现有系统无缝集成，提供个性化响应。❶ 大学工作人员可以轻松更新聊天机器人系统中的信息，确保学生获得最新信息。这种适应性对于应对快速变化的情况至关重要，特别是在新冠疫情期间，学生对在线学习资源和支持服务的需求急剧增加的情况。

UoA Assistant 的实施使首次查询解决率提高了 40%，自助服务与辅助服务的比例增加了 58%。聊天机器人系统的覆盖率和包含率超过 90%，意味着大多数学生查询无需人工干预即可解决。人工智能聊天机器人的引入显著提升了奥克兰大学学生支持服务的效率和满意度。学生使用该系统能够轻松找到信息，而无需导航至多个平台，改善了整体体验。这一创新帮助大学保持了高水平的用户满意度，UoA Assistant 的满意度达到 81%，体验中心的满意度达到 91%。UoA Assistant 不仅在处理学生查询方面表现出色，而且在其他方面展示了其强大的功能。例如，该系统能够处理各种类型的学生请求，包括课程信息、学术支持、技术帮助和校园生活等。通过集成多个信息源，UoA Assistant 能够提供全面和准确的回答，帮助学生解决各种问题。此外，该系统还能够根据学生的历史查询记录和行为模式，提供个性化的建议和提醒，进一步提升学生的学习体验和满意度。UoA Assistant 的成功实施还得益于其强大的技术基础和灵活的架构，基于 IBM watsonx Assistant 和 IBM Watson Discovery 平台，UoA Assistant 能够利用先进的自然语言处理和机器学习技术，快速理解和响应学生的查询。此外，该系统的无缝集成能力使其能够与大学现有的各种信息系统和平台进行对接，确保信息的及时更新和准确传递。

---

❶ IBM. The University of Auckland enhances student experience with IBM watsonx – powered chatbot［EB/OL］.［2024－08－06］. https：//www.ibm.com/case－studies/university－of－auckland.

1.2.7　未来趋势

人工智能在各个领域的应用展示了其强大的潜力和广泛的影响力。从金融服务到医疗诊断,从自动驾驶到科学研究,人工智能正在改变人们的工作和生活方式。

从国家层面来看,人工智能技术的进步将显著提升国家的竞争力和创新能力。各国政府正在加大对人工智能研究和开发的投资力度,制定国家级的人工智能战略和政策,以确保在全球科技竞争中占据有利位置。人工智能技术的应用将推动国家在经济、军事、医疗、教育等多个领域的全面发展。例如,通过人工智能技术的应用,国家可以实现更高效的资源管理和分配,提升公共服务的质量和效率。此外,人工智能技术还将促进国家安全和国防能力的提升,通过智能化的监控和分析系统,增强国家的防御能力和应对突发事件的能力。

从社会层面来看,人工智能技术的普及将带来深远的社会变革。人工智能技术将改变人们的生活方式和工作方式,提升生活质量和工作效率。例如,在医疗领域,人工智能技术可以帮助医生更准确地诊断疾病,提供个性化的治疗方案,提高医疗服务的质量和效率。在教育领域,人工智能技术可以根据学生的学习情况和兴趣,提供个性化的学习计划,提升教育质量和学生的学习效果。此外,人工智能技术还将促进社会的公平和包容,智能化的公共服务系统能够确保每个人都能享受到高质量的公共服务。

从政府层面来看,人工智能技术的应用将显著提升政府的治理能力和治理水平。人工智能技术可以帮助政府实现智能化的管理和决策,提高政府的工作效率和服务质量。例如,通过人工智能技术的应用,政府可以实现智能化的城市管理,提高城市的运行效率和居民的生活质量;通过人工智能技术的应用,政府可以实现智能化的政策分析和决策,提高政策的科学性和有效性。此外,人工智能技术还将促进政府行为的透明和公正,通过智能化的监督和管理系统,确保政府的行为公开透明、公正廉洁。

从企业层面来看,人工智能技术的应用将为企业带来巨大的商业价值和竞争优势。人工智能技术可以帮助企业提高生产效率,降低运营成本,提升产品和服务的质量和个性化。例如,通过人工智能技术的应用,企业可以实现智能化的生产和管理，提高生产效率和产品质量；通过人工智能技术的应用，企业可以实现精准的市场分析和客户服务，提升客户满意度和忠诚度。此外，人工智能技术还将促进企业的创新和发展，通过智能化的研发和创新系统，帮助企业不断推出新的产品和服务，提升市场竞争力。

从个人层面来看，人工智能技术的普及将显著提升个人的生活质量和工作效率。人工智能技术可以帮助个人实现智能化的生活和工作，提高生活质量和工作效率。例如，通过人工智能技术的应用，个人可以实现智能化的家居管理和生活服务，提高生活的便捷性和舒适性；通过人工智能技术的应用，个人可以实现智能化的学习和工作，提高学习和工作的效率。此外，人工智能技术还将通过智能化的健康管理和安全监控系统，确保个人的健康和安全。

1.3　国内外人工智能发展政策

1.3.1　中国

在我国宏观政策框架下，人工智能已经成为推动科技创新和经济转型的关键因素。"十三五"规划着重于发展人工智能核心技术，培育健全的人工智能产业生态，并推动技术在多个行业的广泛应用，以实现技术与经济的全面融合。2012 年，工业和信息化部发布《促进新一代人工智能产业发展三年行动计划（2018—2020 年)》，将信息技术与制造技术的深度融合定为主要发展轴线，强调了人工智能与实体经济的结合，以促进产业升级和效率提升。"十四五"规划则聚焦于加快关键技术如高端芯片、操作系统、关键算法和传感器等领域的研发和应用，以确保我国在全球科技竞争中保持优势。2022 年，《扩大内需战略规划纲要（2022—2035 年)》印发，通过推动人工智能和云计算等技术的广泛应用，促进"云、网、端"资源要素的智能配置和高效利用，强化了国内市场在全球科技产业中的地位。

2017 年以来，我国高度重视人工智能领域的发展，通过一系列战略规划和政策指引，加速了新一代人工智能技术的创新与实践应用。2017 年 7 月 20 日，国务院印发《新一代人工智能发展规划》，旨在构建开放协同的科技创新体系，推动智能经济、智能社会的全面发展，并强化军民融合，全面提升智能化基础设施。2019年，科技部发布《国家新一代人工智能创新发展试验区建设工作指引》，通过应用牵引原则，强化创新与产业链的深度融合，促进人工智能技术在社会经济领域的广泛应用，并推动技术迭代升级。该指引强调地方政府在建设人工智能试验区中的主导作用，激励基础较好的城市探索新技术的研发与应用，同时强调政策在形成完备体系中的先行作用，确保地方经济与社会发展的同步进步。同年，科技部还发布《国家新一代人工智能开放创新平台建设工作指引》，提出以重大应用需求为牵引，依托开放的创新平台，推动关键技术和系统的研发，同时强调企业在人工智能领域的中心地位，通过市场化机制和协同式创新，整合各类资源，加速科技成果向产业化转化。

我国通过实施人工智能场景创新和加强算力基础设施建设，明确展示了在实际应用领域实现人工智能技术深度融合与提升处理能力的战略重视。2022年，科技部、教育部、工业和信息化部等联合发布《关于加快场景创新以人工智能高水平应用促进经济高质量发展的指导意见》，强调通过场景创新促进人工智能技术从实验室到生活各领域的广泛应用，推动技术迭代与成熟，构建全链条、全过程的人工智能应用生态系统。同年，科技部进一步支持建设了包括智慧农场、自动驾驶、智能供应链等10个新一代人工智能示范应用场景，旨在探索人工智能在各行业中的实用性和转型潜力。2023年，科技部会同国家自然科学基金委员会启动"人工智能驱动的科学研究"专项部署工作，通过发展针对重大科学问题的人工智能模型和算法，建设国家新一代人工智能公共算力开放创新平台，加快科技成果应用，强调绿色能源和低碳化，推进软硬件计算技术升级，鼓励各类科研主体按照分类分级原则开放科学数据。

我国在人工智能监管方面的政策逐步完善，强调科技伦理、标准化建设与创新发展的协调推进。2022年，中共中央办公厅、国务院办公厅印发《关于加强科技伦理治理的意见》，明确提出伦理先行、依法依规、敏捷治理、立足国情、开放合作的科技伦理治理要求，要求在人工智能领域内，增进人类福祉，尊重生命权利，合理控制技术风险，保持公开透明。2023年，《生成式人工智能服务管理暂行办法》发布，通过划定底线和精细化监管措施，鼓励生成式人工智能（artificial intelligence generated content，AIGC）的创新发展，确保其向善发展应用。2024年，《国家人工智能产业综合标准化体系建设指南（2024版）》发布，进一步完善了人工智能标准化体系，推动人工智能行业在规范化基础上健康发展。

1.3.2 美国

近年来，美国发布了一系列关于人工智能的政策，旨在确保美国在全球人工智能领域的领先地位，并推动科技创新与经济发展。2019年2月，美国通过"维持美国人工智能领导地位的行政命令"（Executive order on maintaining American leadership in artificial intelligence）[1]，确立了其在全球人工智能领域的战略方针，该政策强调了美国科技创新、技术标准制定、劳动力培训、公众信任建设以及国际合作的重要性。

美国近年来通过一系列重要政策和战略系统地促进了人工智能的安全性、可靠性和可信度发展，以保障公民权利并推动技术创新和提升国家竞争力。2020年，美国推出了"美国国土安全部人工智能战略"（U. S. department of homeland security artificial intelligence strategy）[2]，通过评估人工智能影响、投资人工智能能力、降低风险和劳动力发展，确保人工智能技术安全高效的应用，加强对美国自身的保护。紧随其后，2022年，美国白宫科技政策办公室（Office of Science and Technology Policy，OSTP）发布了《人工智能权利法案草案》（Blueprint for an AI Bill of Rights）[3]，通过确保系统的安全有效性、防止算法歧视、保护数据隐私、提供透明的通知和说明，以及保障人类的选择权和控制权等五项原则，确保自动化系统的设计、使用和部署，保护个人数据和增强决策自主权。2023年，美国国家标准与技术研究所发布了《人工智能风险管理框架（1.0）》，为美国各研究机构和企业提供了全面的工具和方法来识别、评估和管理人工智能带来的风险，并强调了系统地处理AI风险的重要性。[4] 同年，美国政府颁布"关于人工智能的安全性、可靠性、可信度及其使用的行政命令"（Executive order on the safe, secure, and trust-

---

[1] Maintaining American Leadership in Artificial Intelligence ［EB/OL］. （2019 – 02 – 14）［2024 – 08 – 29］. https：//www. federalregister. gov/documents/2019/02/14/2019 – 02544/maintaining – american – leadership – in – artificial – intelligence.

[2] U. S. Department of Homeland Security Artificial Intelligence Strategy ［EB/OL］. （2020 – 12 – 03）［2024 – 08 – 29］. https：//www. dhs. gov/publication/us – department – homeland – security – artificial – intelligence – strategy.

[3] Blueprint for an AI Bill of Rights ［EB/OL］. （2022 – 10）［2024 – 08 – 29］. https：//www. whitehouse. gov/ostp/ai – bill – of – rights/.

[4] AI Risk Management Framework ［EB/OL］. （2024 – 07 – 26）［2024 – 08 – 29］. https：//www. nist. gov/itl/ai – risk – management – framework.

worthy development and use of artificial intelligence）❶，强化了对人工智能系统安全性和可靠性的严格评估要求，规定了标准化的评估流程，有效降低系统风险，以确保技术发展与国家政策、公民自由和公平原则相符。

美国国家科学基金会（National Science Foundation，NSF）及其资助伙伴对美国各人工智能研究所研究网络已投资近 5 亿美元，实现了全美广泛覆盖。此外，美国国家科学基金会在 2023 年 5 月 4 日宣布投资 1.4 亿美元设立 7 个新的国家人工智能研究所❷，标志着对基础人工智能研究和应用的重大扩展。这些研究所专注于开发人工智能系统，探索从网络安全到气候变化解决方案的创新应用，并推动对大脑和认知科学的研究。该计划由美国多个研究机构和企业共同资助，体现了顶尖人工智能研究人员之间的跨学科合作能力，专注于值得信赖的人工智能、先进网络安全、气候智能农林、人工智能的神经和认知基础、人工智能决策，以及利用人工智能增强教育成果等六个主题，旨在确保技术应用在全美范围内的平衡部署。

1.3.3　英国

在人工智能公司的数量上，英国仅次于美国和中国，拥有众多知名企业，包括人工智能初创公司 DeepMind、机器学习半导体公司 Graphcore、网络安全领先公司 Darktrace 以及医疗创新公司 BenevolentAI。

2017 年，英国发布"产业战略：建设适应未来的英国"（Industrial strategy：building a Britain fit for the future），开始关注人工智能的发展，明确将英国打造为全球人工智能创新中心的政府愿景。2018 年 4 月，英国政府与英国人工智能生态系统签署了价值近 10 亿英镑的《人工智能行业协议》（Artificial intelligence sector deal）❸，旨在巩固其在全球人工智能技术开发领域的领先地位。同年 9 月，英国发

❶ Executive Order on the Safe，Secure，and Trustworthy Development and Use of Artificial Intelligence［EB/OL］. （2023 - 10 - 30）［2024 - 08 - 29］. https：//www. whitehouse. gov/briefing - room/presidential - actions/2023/10/30/executive - order - on - the - safe - secure - and - trustworthy - development - and - use - of - artificial - intelligence/.

❷ NSF announces 7 new National Artificial Intelligence Research Institutes［EB/OL］. （2023 - 05 - 04）［2024 - 08 - 29］. https：//new. nsf. gov/news/nsf - announces - 7 - new - national - artificial.

❸ Artificial Intelligence Sector Deal［EB/OL］. （2018 - 04 - 26）［2024 - 08 - 29］. https：//www. gov. uk/government/publications/artificial - intelligence - sector - deal.

布了"英国人工智能战略"（national AI strategy）❶，该战略认识到人工智能在增强私营机构和公共部门的复原力、生产力、增长和创新方面的潜力，致力于建立一个全球有利于创新的监管环境，确保人工智能广泛应用且惠及公众，并推动利用人工智能技术帮助解决包括气候变化在内的全球性挑战。

英国意识到，人才、数据、计算能力及资金是推动人工智能领域进步、发现和形成战略优势的核心因素。为此，英国致力于通过加强对这些关键领域的支持，显著提升人工智能的发现类型、频率和规模，扩大人工智能技术的研究和应用范围，更频繁地开发出具有广泛影响力和实际应用价值的新技术和方法，确保英国在全球人工智能科技竞争中维持其领先地位。人工智能正日益成为众多领域的关键技术，英国采取了一系列政策措施以确保各行业和地区均能从技术转型中获益，包括发布《国家医疗和社会保健人工智能战略草案》（National strategy for AI in health and social care）❷，投资关键科技创新项目（如医疗人工智能），并通过"绿色工业革命十点计划"（Ten point plan for a green industrial revolution）❸ 推动气候技术的发展，旨在加速实现净零排放的雄心目标。英国科学、创新和技术部（Department for Science，Innovation and Technology，DSIT）已采取一系列政策和措施，以确保国内治理和监管体系能够适应人工智能技术的快速变化，最大化促进经济增长和竞争力，同时确保公民的安全和权利得到保护。2023 年，英国科学、创新和技术部推出了一套有利于创新的人工智能监管方法，基于安全性、可靠性与稳健性、透明度与可解释性、公平以及问责与治理等五大原则，指导经济各个领域负责任地开发和使用人工智能。2024 年，英国进一步提出了"监管机构对人工智能的战略方针"（Regulators' strategic approaches to AI）❹，包括一系列支持监管机构的措施，为监管机构提供资金支持，制定新的指导原则，以及建立新的跨监管试点咨询中心和数字监管合作论坛，以强化对人工智能创新的支持和监管。英国也积极加强与全球伙伴的合作，以共同应对人工智能研发的挑战并引领全球对话。

---

❶ National AI Strategy［EB/OL］.（2021 – 09 – 22）［2024 – 08 – 29］. https：//www. gov. uk/government/publications/national – ai – strategy.

❷ The National Strategy for AI in Health and Social Care［EB/OL］.（2021 – 10 – 14）［2024 – 08 – 29］. https：//www. techuk. org/what – we – deliver/events/the – national – strategy – for – ai – in – health – and – social – care. html.

❸ The ten point plan for a green industrial revolution［EB/OL］.（2020 – 11 – 18）［2024 – 08 – 29］. https：//www. gov. uk/government/publications/the – ten – point – plan – for – a – green – industrial – revolution.

❹ Regulators' strategic approaches to AI［EB/OL］.（2024 – 05 – 01）［2024 – 08 – 29］. https：//www. gov. uk/government/publications/regulators – strategic – approaches – to – ai/regulators – strategic – approaches – to – ai.

参与"地平线欧洲"计划使英国与欧洲研究者的合作更加紧密，而"美国和英国人工智能研发合作宣言"（Declaration of the United States of America and the United Kingdom of Great Britain and Northern Ireland on Cooperation in AI Research and Development）❶ 则标志着其二者在技术突破方面的深化合作。此外，英国通过与加拿大建立人工智能安全科学伙伴关系，进一步扩展了英国在国际科技合作网络中的影响力。

1.3.4　欧盟

2018 年，欧盟委员会和欧盟成员国迈出了第一步，通过制定《关于人工智能的协调计划》（A coordinated plan on AI）❷，旨在为欧盟成员的人工智能战略和政策提供框架。该文件明确指出要优化人工智能发展环境，领导关键领域的战略发展，使欧盟成为全球人工智能创新的中心，以及确保人工智能技术的发展服务于人类福祉。2020 年，《人工智能白皮书》（White paper on AI）❸ 发布，进一步提供了具体的政策指导，旨在细化和实施 2018 年计划中提出的各项战略目标。

2023 年 12 月，欧盟实施了《欧盟人工智能法案》（EU AI Act）❹，这是全球首个全面的人工智能法律框架，旨在确保欧盟内部使用的人工智能系统的安全性、透明度、道德性、公平性，并将人工智能保持在人类的控制之下。该法案对人工智能系统进行了风险级别分类，共有四个类别：不可接受的风险、高风险、有限风险和风险极小。针对通用人工智能（general purpose artificial intelligence，GPAI），该法案要求所有通用人工智能模型提供商提供完整的技术文件和使用说明，并遵守版权指令。对于具有系统性风险的通用人工智能模型，无论其代码开放与否，提供商均需进行模型评估、对抗性测试，并负责监控及报告重大安全事件，以强

❶ Declaration of the United States of America and the United Kingdom of Great Britain and Northern Ireland on coopera- tion in AI research and development［EB/OL］.（2020 – 09 – 25）［2024 – 08 – 29］. https：//www. gov. uk/gov- ernment/publications/declaration – of – the – united – states – of – america – and – the – united – kingdom – of – great – britain – and – northern – ireland – on – cooperation – in – ai – research – and – development.

❷ Coordinated plan on artificial intelligence［EB/OL］.（2018 – 12 – 07）［2024 – 08 – 29］. https：//digital – strategy. ec. europa. eu/en/library/coordinated – plan – artificial – intelligence.

❸ Excellence and trust in artificial intelligence［EB/OL］.（2020 – 02 – 19）［2024 – 08 – 29］. https：//commis- sion. europa. eu/publications/white – paper – artificial – intelligence – european – approach – excellence – and – trust_ en.

❹ Official journal（2024）［EB/OL］.（2024 – 07 – 12）［2024 – 08 – 29］. https：//artificialintelligenceact. eu/ the – act/.

化网络安全。

欧盟委员会通过"数字欧洲"❶ 和 "地平线欧洲"❷ 项目，计划每年向人工智能领域投资 10 亿欧元。为了加强人工智能人才的培养，欧盟委员会持续推进教育和技能培训措施，并通过欧洲创新理事会（EIC）加速器计划与"投资欧洲"（InvestEU）计划的新举措鼓励对人工智能初创及扩展企业的风险资本或股权投资。此外，欧盟委员会还加快开发欧洲通用数据空间，为人工智能社区提供至关重要的数据资源。

2024 年 1 月，欧盟委员会启动了一项针对人工智能的创新计划，重点支持欧洲的初创企业和中小企业开发与欧盟价值观和法规相符的可信人工智能系统。这一计划下的关键项目包括"GenAI4EU"计划和 AI – BOOST，前者支持 14 个工业生态系统和公共部门开发新应用，如机器人和生物技术等；后者则通过创新竞赛，吸引优秀人才，推动人工智能科学的进步。此外，欧盟修改《欧洲高性能计算条例》（European high performance computing joint undertaking），❸ 建立人工智能工厂，加速人工智能专用超级计算机的部署，为人工智能的研发和应用提供必要的算法支持。

欧盟对人工智能的资助覆盖了农业、医疗保健、制造业和运输等多个社会关键领域，推动了多个创新项目的实施。例如，CDAC 项目开发的技术已助力多名欧洲中风患者康复，而 WeVerify 项目则提供工具，帮助验证网络上的视频和图像，提升信息准确性。

欧盟委员会与欧盟各成员合作建立两个欧洲数字基础设施联盟（European digital infrastructure consortium，EDIC）——语言技术联盟（ALT – EDIC）和 Citi-VERSE。ALT – EDIC 旨在开发欧洲通用语言技术基础设施，以解决欧洲语言数据短缺问题并支持大型语言模型的发展，保持语言多样性。CitiVERSE 则利用先进人工智能工具开发智能社区的数字孪生，以优化城市管理过程，如交通和废物管理。

---

❶ The digital Europe programme （2024）［EB/OL］. （2024 – 07 – 04）［2024 – 08 – 29］. https：// commission. europa. eu/strategy – and – policy/eu – budget/performance – and – reporting/programme – perform- ance – statements/digital – europe – programme – performance_ en.

❷ Horizon Europe［EB/OL］. （2021 – 04 – 20）［2024 – 08 – 29］. https：//research – and – innovation. ec. europa. eu/funding/funding – opportunities/funding – programmes – and – open – calls/horizon – europe_ en.

❸ The European high performance computing joint undertaking［EB/OL］. （2024 – 03 – 07）［2024 – 08 – 29］. https：//digital – strategy. ec. europa. eu/en/policies/high – performance – computing – joint – undertaking.

1.3.5　加拿大

2022 年 7 月，加拿大创新、科学和经济发展部（Innouation，Science and Economic Development Canada Certification，ISED）发布了"加拿大人工智能战略"（Pan – Canadian artificial intelligence strategy）❶，旨在加强人工智能领域的商业化、标准制定与人才培养，确保加拿大在全球人工智能竞争中保持领先地位。2024 年，加拿大进一步推动这一议程，通过"确保加拿大在人工智能上的优势"（Securing Canada's AI advantage）❷ 战略和有关预算措施，旨在巩固并扩展加拿大在全球人工智能技术竞争中的优势。这些资金旨在促进加拿大就业增长，支持研究人员和企业开发及采用人工智能技术，提高生产力，并确保这些技术的负责任使用。

加拿大致力于推动人工智能技术的商业化，通过对三个加拿大国家人工智能研究所（位于加拿大埃德蒙顿的 AMII 研究所、蒙特利尔的 MILA 研究所和多伦多的 VECTOR 研究所）的投资以及支持有关全球创新集群项目，促进数字技术、生物技术、高级制造等关键领域内的人工智能技术应用。2024 年，加拿大进一步扩大支持人工智能技术发展范围，旨在推动人工智能初创企业将新技术商品化，特别是在农业、清洁技术、医疗保健和制造业等关键领域的应用。此外，加拿大为其国家研究委员会工业研究援助计划（NRC IRAP）的 AI Assist 计划❸投资 1 亿美元，帮助中小企业通过部署新的人工智能解决方案扩大规模并提高生产力，这将促进加拿大的企业将人工智能整合到业务流程中，并支持新人工智能解决方案的研究、产品开发、测试和验证。

加拿大标准理事会（SCC）正积极推动人工智能相关标准的制定与采用，并于 2022 年推出《人工智能和数据法案》（artificial intelligence and data act，AIDA）❹，该法案的目标是确保人工智能的发展和应用遵循透明和安全的标准。此外，加拿

---

❶ Pan – Canadian artificial intelligence strategy ［EB/OL］. （2022 – 07 – 20）［2024 – 08 – 29］. https：//ised – isde. canada. ca/site/ai – strategy/en.

❷ Securing Canada's AI advantage：a foundational blueprint ［EB/OL］. （2024 – 07 – 04）［2024 – 08 – 29］. https：//ised – isde. canada. ca/site/ised/en/public – consultations/securing – canadas – ai – advantage – foundational – blueprint.

❸ About the NRC industrial research assistance program ［EB/OL］. （2023 – 12 – 20）［2024 – 07 – 29］. https：//nrc. canada. ca/en/support – technology – innovation/about – nrc – industrial – research – assistance – program.

❹ Artificial intelligence and data act ［EB/OL］. （2023 – 09 – 27）［2024 – 07 – 29］. https：//ised – isde. canada. ca/site/innovation – better – canada/en/artificial – intelligence – and – data – act.

大成立了加拿大人工智能安全研究所，促进人工智能的安全开发和部署。同时与国际合作伙伴协调，利用各方意见来更好地理解和预防恶意人工智能系统的风险。

加拿大通过其国家研究委员会的工业研究援助计划（About the NRC industrial research assistance program）❶ 和创新、科学和经济发展部的战略创新基金（Strategic Innovation Fund）❷，大力支持人工智能领域的扩展。2023 年，加拿大国家研究委员会工业研究援助计划向人工智能领域的多家公司和多个项目提供了资金援助。2024 年，加拿大战略创新基金会对快速发展的人工智能公司进行了重要投资。此外，加拿大在全球人工智能领域扮演着积极的领导角色，是全球人工智能伙伴关系（global partnership on artifical intelligence，GPAI）的创始成员之一。

1.4 档案管理的智能化演进

一般而言，智能化指借助物联网、大数据、人工智能等技术，使对象具备自动感知、学习和决策执行等能力以满足各类需求的过程。档案智能化可理解为面向档案工作的智能化，旨在提升档案工作的水平与效能，具体表现为两个方面的内涵：一方面指利用人工智能技术展开面向档案信息资源的智能管理与应用，另一方面涉及基于档案实体管理的智能库房建设。本书所指的档案智能化为前一种解释。

笔者通过在学术数据库中检索发现，当前学界直接对档案智能化这一表述展开的研究较为有限，分散在面向各类档案对象的业务实践中❸，并初步显现出管理与服务的导向。在将检索词扩大为"档案"和"智能"时，检索出的相关研究成果则更为多元、丰富。为进一步厘清其发展脉络，笔者基于档案智能化的概念，依据智能信息技术发展程度、档案管理对象形式并结合相关研究，将我国档案智能化的发展历程划分为萌芽起步阶段、渐进发展阶段和全面探索新阶段三个阶段，

---

❶ About the NRC industrial research assistance program［EB/OL］.（2023 – 12 – 20）［2024 – 07 – 29］. https：// nrc. canada. ca/en/support – technology – innovation/about – nrc – industrial – research – assistance – program.

❷ Strategic innovation fund［EB/OL］.（2024 – 08 – 27）［2024 – 08 – 29］. https：//ised – isde. canada. ca/site/ strategic – innovation – fund/en.

❸ 李顺芳. 大数据时代的国土资源档案智能化管理的实践概述［J］. 档案学研究，2017（2）：50 – 52；薛四新，薛建团，赵紫毫. 人物照片档案智能化管理方法研究［J］. 中国档案，2023（4）：61 – 63.

并辅以同期国外进展以供比较参考。

1.4.1　萌芽起步阶段

　　第一阶段是萌芽起步阶段，即 20 世纪中后期的计算机辅助档案管理阶段，其特点是初步尝试实现自动化，强调借助机器减少人工重复工作、提高效率，初步显露出智能化的思想。20 世纪 80 年代，有学者基于原中央档案馆（现为国家档案局）的实际情况，探索建立档案自动编目与检索系统❶，相关系统在机读文件的基础上支持编制专题目录与作者索引，提供定题检索，以用户所需格式输出文件等功能；地方层面如浙江省档案馆也开展了有关档案自动标引的研究❷，其科技成果"档案信息系统"通过采用中文自动抽取题名中关键词的算法，可实现多功能的档案自动检索，是档案管理工作中应用计算机的早期尝试。20 世纪 90 年代，汤道銮❸、朱久兰❹等继续对档案智能标引、智能检索展开了试验探索，均强调运用人工智能的基本原理，通过引入知识库等使计算机检索具备一定的分析、推理和联想能力，以提升检索的质量与效率。基于此，"智能"的性质首次在"自动"的基础上得以明确。同期，国外档案智能化的发展则相较更快，其起源可追溯至 20 世纪 60 年代，不仅展开了相应实践，更在理论层面有所铺垫与建设。伴随着计算机的出现及自动化技术的发展，国外相关研究通过阐明档案领域与自动化领域在使用逻辑结构方面存在共同基础❺，指出自动化技术可用于档案管理的数据处理和信息检索❻，具体实践如采用光学字符识别技术将纸质档案数字化。随着电子文件逐渐进入档案管理的视野，也有学者呼吁将自动化技术应用于电子文件管理❼，随之出现了早期的电子文件管理系统，支持基本的存储和检索功能，并随实践发展不断扩展文档管理功能。

---

❶ 晓钢，俭朴. ZDBJ：档案自动编目检索系统［J］. 档案学通讯，1984（4）：37-40；邱晓威. 论档案自动检索系统的建立［J］. 情报学报，1985，4（2）：125-132.
❷ 吕筱芬. 档案自动标引的理论与实践［J］. 档案学研究，1988（4）：36-40.
❸ 汤道銮，韦思聪，曹宇红，等. 档案全文自动著录与智能标引初探［J］. 档案学研究，1994（2）：39-41，16.
❹ 朱久兰. 档案信息智能检索［J］. 档案学通讯，1994（4）：57-58，39.
❺ FISHER B，EVANS F. Automation，information，and the administration of archives and manuscript collections：bibliographic review［J］. The American Archivist，1967，30（2）：333-348.
❻ RIEGER M. Archives and automation［J］. The American Archivist，1966，29（1）：109-111.
❼ HEDSTROM M. Teaching archivists about electronic records and automated techniques：a needs assessment［J］. The American Archivist，1993，56（3）：424-433.

1.4.2　渐进发展阶段

第二阶段是始于 21 世纪初期的渐进发展阶段，这一阶段伴随着自然语言处理、云计算等技术的发展，强调实现对档案信息的数字化全流程管理，智能化的运用得到深化与扩展。国内研究显示，面向全流程的智能档案管理系统建设❶有所进展，面向具体环节的如智能分类与检索服务也在自然语言处理等技术的支持下实现了相应突破，不仅提供了基于语义、多媒体类型的搜索，而且出现了个性化、社会化的搜索❷，旨在实现精准、专业及个性的服务。同时，云存储、二维码等新兴技术在档案智能检索中的运用受到研究者们的关注。❸ 此外，国内研究还强调业务驱动的档案智能化管理应用，例如企业场景下的个性化信息服务。❹ 同期，国外的档案智能化发展步伐也在不断加快：相关档案管理系统逐渐走向成熟并得到大规模应用。具体环节如实现文档的自动分类、开发更智能的档案搜索引擎等，支持个性化的检索和推荐以提高检索效率与用户体验。❺

1.4.3　全面探索阶段

第三阶段为 2018 年前后开启的全面探索新阶段，档案管理的特征是伴随着机器学习、深度学习、大语言模型等取得的重大发展与扩散应用，同时基于档案对象迈向数据化的趋势，研究和实践开始围绕档案智能化形成一定的规模。科研人员积极探索如文字及图像识别、语义分析、数据挖掘等更富智能性的档案管理与服务。

这一阶段，我国的研究成果较为丰硕。首先是理论层面，科研人员通过识别智能化对档案领域的正面影响，分析档案智能化的实现逻辑及基础等，强调档案

---

❶ 方小铁，颜旭玲. 智能档案管理系统的设计与实现技术研究［J］. 制造业自动化，2010，32（7）：22 - 24，33.

❷ 张倩. 依托智能搜索引擎构建档案信息检索系统的策略研究［J］. 档案与建设，2011（6）：30 - 33.

❸ 尚珊，王岩. "云存储 + 智能终端"的档案管理模式初探［J］. 山西档案，2013（6）：52 - 55；张倩. 二维码在档案信息智能检索中的应用［J］. 档案与建设，2012（9）：11 - 14.

❹ 李泽锋. 基于智能 Push 技术的企业档案信息个性化服务［J］. 档案管理，2005（1）：22 - 23.

❺ JANG J，RIEH H. Design of automatic records classification system using contextual information［J］. Journal of Korean Society of Archives and Records Management，2009，9（1）：151 - 173；HUGHES B，KAMAT A. A metadata search engine for digital language archives［J］. D - Lib Magazine，2005，11（2）：6.

智能化的应然性。有学者提出智能化可促进档案信息价值的实现、档案管理方法的创新。❶ 在实现逻辑上，档案管理对象从数字化到数据化的转变被确认为实现档案智能化的重要基础，❷ 价值属性、技术发展和政策实践跟进影响则均作为人工智能嵌入档案管理的演进逻辑组成❸，为档案智能化的实现提供一定的理论基础。其次是实践层面，研究成果主要表现为智能化在档案管理全流程中的具体实践，如基于深度学习实现保管期限智能划分、智能化档案信息服务等具体场景。❹ 其中，光学字符识别、语义技术、云计算等技术则分别在识别收集、描述检索、综合处理等环节中支持档案智能化的基础性实现。同时，档案管理人员在档案智能化中的主体性也得到一定的明确，通过实现档案管理和服务应用的智能化显现为档案职业素养的内容之一。❺ 从国外来看，自 2016 年起召开的电气与电子工程师协会（Institute of Electrical and Electronics Engineers，IEEE）电路与系统协会（Circuits and Systems Society，CAS）会议可被视为国外档案智能化新发展的里程碑，众多计算机及档案背景的学者在该会议上通过各类实例探讨了智能技术应用于档案管理的实践，同期整体的研究成果也相对更为全面而深入。在理论探讨方面，研究者进一步反思并指明档案领域在资源建设、鉴定方法等方面的专业积累可反向用于人工智能的数据建设。❻ 同时，档案智能化所体现的将计算思维引入档案实践的思想同样是计算档案学所聚焦的问题。❼ 实践方面，档案智能化实现了更智能的技术应用与更广的流程覆盖，涉及使用卷积神经网络深度学习算法智能识别手写档

---

❶ 陈辉. 智能化社会档案价值实现新路径与档案知识体系重构探析 [J]. 档案学研究，2018（4）：13－17；史江，罗紫菡. "智能＋"时代档案管理方法创新探讨 [J]. 档案学研究，2021（2）：54－59.

❷ 陆国强. 档案信息智能化利用：从数字化到数据化 [J]. 浙江档案，2023（5）：48－50.

❸ 于英香，赵倩. 人工智能嵌入档案管理的逻辑与特征 [J]. 档案与建设，2020（1）：4－8.

❹ 沙洲. 人工智能在档案工作中的应用研究 [J]. 档案与建设，2018（2）：36－39；陶水龙. 海量档案数字资源智能管理及挖掘分析方法研究 [J]. 档案学研究，2017（6）：75－79；杨建梁. 基于深度学习的数字文书档案保管期限智能化划分研究 [J]. 档案学通讯，2021（4）：108－112；周林兴，林腾虹. 用户画像视域下智能化档案信息服务：现状、价值、运行逻辑与优化路径 [J]. 档案学研究，2021（1）：126－133.

❺ 薛四新，袁继军，杨艳. 新技术环境下档案从业人员技能探析 [J]. 档案学通讯，2018（6）：53－56.

❻ COLAVIZZA G，BLANKE T，JEURGENS C，et al. Archives and AI：An overview of current debates and future perspectives [J]. Journal on Computing and Cultural Heritage，2021，15（1）：1－15；DAVET J，HAMIDZADEH B，FRANKS P. Archivist in the machine：paradata for AI－based automation in the archives [J]. Archival Science，2023，23（2）：275－295；CHABIN M A. The potential for collaboration between AI and archival science in processing data from the French great national debate [J]. Records Management Journal，2020，30（2）：241－252.

❼ UNDERWOOD W，MARCIANO R. Computational thinking in archival science research and education [C]. 2019 IEEE International Conference on Big Data（Big Data），IEEE，2019：2109－2116.

案、基于分布式并行计算实现档案主题智能分类、借助机器学习辅助档案鉴定等。❶

　　整体而言，档案智能化的思想实则由来已久，并在演变中不断扩充其智能的内涵；其应用场景也从发端并聚焦于检索环节到逐渐延伸至档案管理全流程。在档案智能化的发展历程中，整体的研究涵盖理论、方法和实践多个方面，显示出一定的认知与行动基础，并呈现出国外先于国内的特点。其中，面向档案智能化的管理及应用凸显为实践的重要组成部分，本书通过综合梳理我国相关实践内容，以观照档案智能化管理及应用的整体图景，以期为实际工作以及未来档案智能化的发展提供参考。

1.5　档案智能技术创新态势

1.5.1　档案智能技术专利分析

　　随着人工智能技术的快速发展，人工智能在档案利用控制、开发利用、资源组织等方面的研究与应用逐渐涌现。在档案领域，与人工智能有关的技术专利是档案技术发展的重要体现，也反映了整个档案界对人工智能技术的关注和重视。笔者选择在 2018～2023 年授权公告的专利进行分析，使用检索式"TI = 档案 and ABST = ［（档案）and（人工智能 or AI or AIGC or 机器学习 or 深度学习 or 大语言模型 or 大模型 or 智能体 or 智能化 or 数字孪生 or 数字人）］and SQGGR = （2018 to 2023）"，在专利数据库中检索采集了 2018～2023 年授权的共计 235 件档案技术相关专利。对专利的题名、摘要、分类、所在区域、所属机构等数据进行分析，以期深入揭示 2018～2023 年人工智能技术在档案领域的应用及创新的主题分布特征、IPC 分类特征、区域发展特征和机构类型特征，从而更好地把握和解读人工智能在

---

❶ CAN Y S, KABADAYI M E. Automatic cnn – based Arabic numeral spotting and handwritten digit recognition by using deep transfer learning in Ottoman population registers［J］. Applied Sciences, 2020, 10（16）：5430; SHANG E, LIU X, WANG H, et al. Research on the application of artificial intelligence and distributed parallel computing in archives classification［C］//XU B., MOU K. Proc. IEEE Adv. Inf. Technol., Electron. Autom. Control Conf., IAEAC. Institute of Electrical and Electronics Engineers Inc., 2019：1267 – 1271.

我国档案技术应用及创新中的实践规律。从检索结果数量上来看，2018～2023年，与人工智能有关的档案科技专利包括：外观设计专利1件、实用新型专利116件、发明专利59件。

（1）主题分布特征

笔者通过对人工智能相关的档案技术专利的题名、摘要、技术关键词进行分析，通过统计、抽取、编码、筛选、建模等方式，获得专利的主题词并对主题进行共现分析。2018～2023年人工智能相关档案技术专利主题词词云如图1-1所示。

图1-1　2018～2023年人工智能相关档案技术专利主题词词云

从图1-1可以看出，人工智能在档案领域的应用主要聚焦于档案存放设备、档案管理系统开发等实际应用场景中，包括新型档案管理系统的设计、新型档案柜及其部件的设计与研发、各类存放设备的设计与研发。为了进一步探究人工智能应用于档案技术专利的主题之间的关联和分类，笔者采用主题共现网络分析的相关方法对专利主题进行分析，构造了主题共现网络。为了进一步对主题关系进行量化分析，笔者采用网络社群发现算法对主题词进行网络聚合。2018～2023年人工智能相关档案技术专利主题共现网络如图1-2所示。

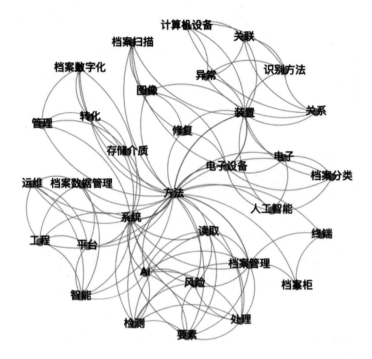

图 1 - 2　2018 ～ 2023 年人工智能相关档案技术专利主题共现网络

从图 1 - 2 可以看出，2018 ～ 2023 年人工智能相关档案技术专利可以分为三大主题。

第一，人工智能在档案存放设施上的应用。该应用主要包括人工智能技术在档案柜、档案管理柜、档案盒、档案架等，主要涉及实际场景下档案存放的升级。该主题所包括的主题节点在整个网络中占较大比例，与图 1 - 1 的主题词云图相吻合。

第二，人工智能在档案管理上的应用。比如基于人工智能的电子档案（文件）管理系统、科技档案管理系统、数智化档案管理平台建设、档案工程建设、智慧档案控制系统以及智能化的档案管理升级等，该主题更多面向人工智能在档案管理中的实际应用场景。

第三，人工智能在档案数据化中的应用。比如在档案数字化转化过程中采用人工智能及其相关技术实现档案数据要素的识别、转录甚至归档，以及基于人工智能智慧档案系统信息的录入方法，在该类主题中，档案领域对于人工智能的应用深入了档案数据要素层面，与现有人工智能在档案领域的前沿研究相呼应。

IPC 分类号是国际通用的专利文献组织、分类和检索的工具。通过对 IPC 分类号的分析，能够相对直接地看出特定领域的专利所解决的问题和所依托的技术。笔者对所采集到的 235 件专利的专利号进行了统计和分析。

根据 IPC 分类号，将 2018 ～ 2023 年的人工智能相关档案技术专利所属类别分为 A、G、B、E 四个主类别。A 类是人类生活必需类，包括各类新型档案柜、档案架等纸质档案存储设施。G 类为物理类，包括各类档案信息系统、档案及档案数据处理技术、档案扫描件识别系统、医疗档案管理系统、档案保存设备等。B 类为作业运输类，包括各类档案载体长期保存技术、新型档案装订技术、新型档案盒等。E 类为固定建筑物，包括档案室的防火门、防护窗、机密档案选层柜等。

笔者将获取的人工智能相关档案技术专利的 IPC 分类号绘制共现网络图，如图 1-3 所示，以进行 IPC 分类号共现网络特征分析。

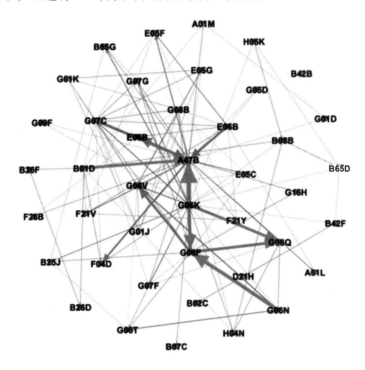

图 1-3 2018~2023 年人工智能相关档案技术专利 IPC 分类号共现网络

如图 1-3 所示，网络以分类号 A47B 为中心，其中 A47B 与 G06K 的共现频次最高，A47B 与 E06B、E05B 的共现频次次之。A47B 的释义是："桌子；写字台；办公家具；橱柜；抽屉；家具的一般零件（家具的连接部件入 F16B 12/00）"。❶ G06K 的释义是"图形数据读取（图像或视频识别或理解 G06V）；数据表达；记录载体；处理记录载体"。❷ E06B 释义是"在建筑物、车辆、围栏或类似围绕物的开

---

❶ 世界知识产权组织. 国际专利分类表（2024.01）：A 部 人类生活必需［M］. 国家知识产权局专利局，译. 北京：知识产权出版社，2024：120.

❷ 世界知识产权组织. 国际专利分类表（2024.01）：G 部 物理［M］. 国家知识产权局专利局，译. 北京：知识产权出版社，2024：118.

口处用的固定式或移动式闭合装置，例如，门、窗、遮帘、栅门"。❶ E05B 的释义是"锁；其附件；手铐"。❷ 这体现了现阶段人工智能在档案存放设施研发上形成了较多技术成果。

（2）区域发展特征

围绕区域发展特征，笔者分析了人工智能相关档案技术领域专利在我国各省、自治区、直辖市的数量分布情况。一般来说，获得专利数量越多的地区，对人工智能在档案领域的应用有足够的重视程度，或拥有一定的优势。由于少数专利信息中未包含申请地信息，故仅统计有相关信息的专利申请。

2018～2023年，我国人工智能相关档案科技专利数量最多的地区是山东，其次是广东、江苏、浙江以及北京，共有专利131件，占全国整体人工智能相关档案技术专利数的55.74%。结合我国档案技术专利的整体授权情况，可知由于上述地区建设了较为完备的档案技术研发的人才队伍，档案技术应用的市场需求较大，因此人工智能在档案领域中的应用和创新中更可能实现创新和突破。这种分布形态与我国经济发展的空间特征以及人口分布有一定的相关性，也在一定程度上说明了在档案领域发展人工智能需要以经济和人才为基础和支撑。

为了研究有关人工智能的档案技术专利申请机构和人才发展特征，笔者进一步分析了该领域专利的申请人类型分布和申请人数分布的情况，并根据不同类型的申请人的授权专利数量进行分析。2018～2023年人工智能相关档案技术专利申请人类型统计如表1-1所示。

表1-1　2018～2023年人工智能相关档案技术专利申请人类型统计

申请人类型	专利数量/件
企业	145
个人	53
高校	34
科研机构	5
合计	237

如表1-1所示，企业获得的专利最多，结合人工智能的发展趋势来看，由于

---

❶ 世界知识产权组织. 国际专利分类表（2024.01）：E 部 固定建筑物 [M]. 国家知识产权局专利局，译. 北京：知识产权出版社，2024：83.
❷ 世界知识产权组织. 国际专利分类表（2024.01）：E 部 固定建筑物 [M]. 国家知识产权局专利局，译. 北京：知识产权出版社，2024：64.

企业对于档案技术的革新有着直接的研发和应用需求，因此在科技专利的申请上更为重视。

笔者进一步统计各企业人工智能相关的档案技术专利所涉及的发明人数。一般情况下，某个申请人所申请的相关专利涉及发明人数量越多，说明该申请人在该领域掌握更多的高级人才，具有绝对的优势。根据统计，江苏联著实业股份有限公司在 2018～2023 年共有 16 人参与人工智能领域的档案技术专利申请，在人工智能相关档案科技领域发明人数最多。在发明人数排名前十位中，70% 的申请人为科技公司，这些公司由于自身的技术优势，在人工智能相关档案技术领域的发展形成了专利人才优势，在人工智能与档案的结合领域有着较为雄厚的人才储备和技术实力。华中师范大学是发明人数排名前十位中的唯一高校，说明华中师范大学对于人工智能在档案领域的应用十分重视。

1.5.2 国家档案局科技立项分析

围绕 2020～2023 年与人工智能相关的国家档案局科技立项项目主题，笔者建立了以二元词组和关键词为主体的主题词表，结合人工编码的方式，确定了相关主题词，通过文本分析工具对主题词的词频进行了统计，并通过词云的方式进行了可视化。2020～2023 年国家档案局人工智能相关档案科技立项主题词词云如图 1－4 所示。

图 1－4　2020～2023 年国家档案局人工智能相关档案科技立项主题词词云

注：图中"GIS"表示地理信息系统；"APP"表示应用程序；"RPA"表示机器人流程自动化；"OCR"表示光学字符识别。

从图1-4可知，2020～2023年国家档案局有关人工智能的档案科技项目主要包含档案管理、档案数据、数字档案、电子档案（文件）以及智能化等主题词。从人工智能技术在档案领域应用的视角来看，2020～2023年国家档案局人工智能相关档案科技立项项目主题有两个特点：一是关注人工智能在档案数字资源的开发、保存以及其在数据时代下的应用，彰显出档案领域对于新兴技术的重视；二是以实践为人工智能在档案领域应用的终点，档案领域始终没有忽视传统档案管理的重要性，力图利用人工智能等前沿技术辅助档案管理的升级，为档案管理实践添砖加瓦。

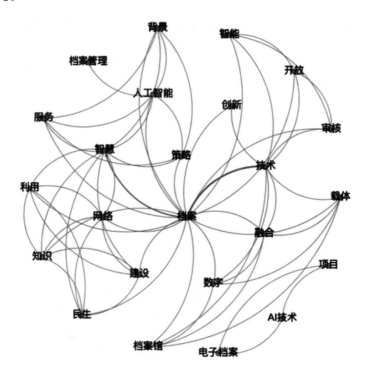

图1-5　2020～2023年国家档案局人工智能相关档案科技立项主题共现网络

为了进一步探究国家档案局人工智能相关档案科技立项主题词之间的关联和分类，笔者采用主题共现网络分析方法，对2020～2023年国家档案局人工智能相关档案科技立项主题词进行了分析，如图1-5所示。具体来说，在主题词表的基础上，根据主题词与主题词在同一个题目中出现频次，构建了主题共现矩阵，基于主题共现矩阵构造了主题共现网络。为了便于观测核心主题之间的关联，笔者采用K-核分解（K-core decomposition）法对网络进行了分解，形成了科技项目主题网络的核心网络。为了进一步对主题关系进行量化分析，笔者采用网络社群发现的相关方法，基于共现关系对主题词进行网络聚合。结果发现，2023年国家档案局人工智能相关档案科技立项主题主要可以分为以下两类。

第一，以人工智能在档案管理中的应用为主。比如人工智能对电子档案管理的优化、人工智能技术在电子档案多维组织的应用、档案知识管理项目开发以及传统库房中档案管理模式创新等。该类别多面向档案管理的实际应用场景。

第二，以人工智能对档案资源的开发和利用为主。比如人工智能技术在档案知识挖掘中的作用，或档案数据化治理过程中的应用研究。该类别在整个主题网络中处于中心位置，说明"人工智能 + 档案数据"的相关主题是 2020 ~ 2023 年档案技术项目中相对核心的主题，符合档案领域的发展现实。

1.6　档案业务的主要智能技术

1.6.1　光学字符识别

光学字符识别（optical character recognition，OCR）技术是档案智能化的重要组成部分。OCR 技术通过扫描图像并识别其中的字符，将纸质档案中的文字转化为可编辑的数字文本。这一过程通常包括图像预处理、字符分割、字符识别和后处理等步骤。在图像预处理阶段，OCR 系统会对扫描的图像进行去噪、二值化、倾斜校正等处理，以提高字符识别的准确性。在字符分割阶段，系统会对图像中的字符进行分割，将每个字符单独提取出来。在字符识别阶段，系统会利用字符识别算法对每个字符进行识别，将其转化为相应的数字文本。在后处理阶段，系统会对识别结果进行后处理，包括拼写校正、格式调整等，以生成最终的数字文本。

在档案管理中，OCR 技术广泛用于档案数字化，将纸质文件转化为数字文本以便于存储、检索和分析。档案馆可以使用 OCR 技术将大量的历史文献、政府文件和企业档案进行数字化处理，使得这些档案能够在计算机系统中被高效的存储和管理。此外，OCR 技术还可以用于自动化的文档分类和索引生成，提高档案检索的效率和准确性。

1.6.2　自然语言处理

自然语言处理（natural language processing，NLP）是一种使计算机能够理解和处理人类语言的技术。通过语义分析、语言生成等技术，自然语言处理技术能够实现对文本的深度理解和处理。自然语言处理技术包括文本分词、词性标注、命名实体识别、句法分析、语义分析等多个环节，旨在让计算机能够像人类一样理解和处理自然语言文本。在文本分词阶段，自然语言处理系统会将输入的文本划分为一个个单独的词语，以便于后续的处理。在词性标注阶段，系统会对每个词语进行词性标注，确定其在句子中的语法角色。在命名实体识别阶段，系统会进行命名实体识别，识别出文本中的人名、地名、机构名等实体。在句法分析阶段，系统会进行句法分析，确定句子中的语法结构。在语义分析阶段，系统会进行语义分析，理解句子的含义。

在档案管理中，自然语言处理技术用于智能检索和信息抽取，支持自动化的文档分类和主题分析。通过自然语言处理技术，可以实现对档案内容的自动分类，将不同类型的档案文件归类到相应的类别中。此外，自然语言处理技术还可以用于主题分析，自动提取档案文件中的关键信息，生成摘要，帮助用户快速了解档案内容，提高信息查找的效率。

1.6.3　机器学习

机器学习是一种通过算法学习数据中的模式和规律，从而进行预测和决策支持的技术。机器学习算法可以通过对大量数据的训练，自动发现数据中的规律，并应用这些规律进行分类、回归、聚类等任务。常见的机器学习算法包括决策树（decision tree）、支持向量机（support vector machine，SVM）、神经网络（neural network）等。在训练阶段，机器学习系统会对大量的训练数据进行学习，自动提取数据中的特征和模式。机器学习系统会利用这些特征和模式对新数据进行预测和分类。在预测阶段，机器学习系统会对输入的数据进行处理，生成相应的预测结果。

深度学习是一种智能化程度更高的机器学习方法，能够进行复杂模式的识别和分析。深度学习技术通过多层神经网络的训练，自动学习数据中的特征和模式，进行分类、回归、生成等任务。常见的深度学习技术包括卷积神经网络、循环神经网络（recurrent neural network，RNN）、生成对抗网络等。在深度学习的训练阶段，机器学习系统会利用大量的训练数据对神经网络进行训练，自动调整网络的权重和偏置，以最小化预测误差。机器学习系统会利用训练好的神经网络对新数据进行预测和分类。在预测阶段，机器学习系统会对输入的数据进行处理，生成相应的预测结果。在档案管理中，深度学习技术用于图像和语音内容的分析和处理。通过深度学习技术，可以实现档案图片的高精度分类和识别，将相似的图片归类在一起，方便用户进行检索和管理。此外，深度学习技术还可以用于语音内容的识别和分析，将语音档案自动转录为文本，提高档案利用的效率。

在档案管理中，机器学习技术用于档案内容分析和趋势预测。通过机器学习算法，可以对档案内容进行自动分类，将相似的档案文件归类在一起。此外，机器学习技术还可以用于识别重复内容，优化档案管理流程，减少冗余数据，提高档案管理的效率和准确性。

1.6.4　知识图谱

知识图谱是一种通过建立实体和关系的网络来表示信息和知识之间关联的技术。知识图谱通过将不同实体之间的关系进行结构化表示，形成一个复杂的网络，帮助用户理解和发现知识之间的关联。知识图谱技术包括知识抽取、知识融合、知识推理等多个环节。在知识抽取阶段，知识图谱系统会从文本中提取出实体和关系，将其转化为结构化的数据。在知识融合阶段系统会进行知识融合，将不同来源的知识进行整合，形成一个统一的知识图谱。在知识推理阶段，系统会进行知识推理，利用知识图谱中的信息进行推理和推断，生成新的知识。

在档案管理中，知识图谱技术用于可视化档案数据，支持复杂查询和知识发现。通过构建档案知识图谱，可以将档案中的人物、事件、地点等实体及其关系进行结构化表示，帮助用户快速了解档案内容及其关联信息。此外，知识图谱技术还可以用于支持复杂查询，用户可以通过自然语言查询获取相关档案信息，提高档案利用的效率。

1.6.5　图像识别

图像识别是一种利用计算机视觉技术识别和分析图像中的对象和场景的技术。通过图像处理、特征提取和模式识别等技术，图像识别能够自动识别图像中的物体、文字和场景，并进行分类和标注。常见的图像识别技术包括卷积神经网络、目标检测、图像分割等。在图像处理阶段，图像识别系统会对输入的图像进行预处理，包括去噪、增强、缩放等操作。在特征提取阶段，图像识别系统会进行特征提取，提取图像中的关键特征。在模式识别阶段，图像识别系统会利用模式识别算法对图像进行分类和标注，识别出图像中的物体和场景。

在档案管理中，图像识别技术用于档案的自动化分类和归档，尤其是在处理大量图片档案时，通过识别图像内容进行智能分类。图像识别技术可以自动识别档案图片中的人物、地点和事件，将相似的图片归类在一起，方便用户进行检索和管理。此外，图像识别技术还可以用于识别档案图片中的文字信息，结合 OCR 技术，实现图文档案的综合管理。

1.6.6　语音识别

语音识别是一种将语音转换为文本的技术，通过分析声波数据实现对语音内容的识别。语音识别技术包括语音信号处理、特征提取、声学模型和语言模型等多个环节，旨在将语音信号转化为计算机可以处理的文本格式。在语音信号处理阶段，语音识别系统会对输入的语音信号进行预处理，包括去噪、分段、特征提取等操作。在声学模型阶段，语音识别系统会利用声学模型对语音信号进行识别，将其转化为相应的文本。在语言模型阶段，语音识别系统会利用语言模型对识别结果进行校正和优化，生成最终的文本。

在档案管理中，语音识别技术用于语音档案的处理和管理。通过语音识别技术，可以将会议记录、采访录音等语音档案自动转录为文本，方便用户进行检索和分析。此外，语音识别技术还可以用于语音文件的快速检索，用户可以通过语音查询获取相关档案信息，提高档案利用的效率。

第 2 章
档案开放鉴定的前沿进展

2.1 档案开放鉴定的机制

　　档案开放鉴定作为档案管理的重要环节，其机制的完善直接关系到档案资源的合理利用和社会服务水平的提升。在新环境与新要求下，档案开放鉴定需要依托管理理念和机制的创新。自 2020 年修订的《中华人民共和国档案法》实施以来，学界对于档案开放鉴定的研究日益丰富，为档案开放鉴定提供了科学化、系统化的理论基础。传统的档案开放审核模式存在效率低下、标准不统一、责任不明确等问题，难以适应现代社会对档案管理的高要求。档案开放鉴定机制的研究，旨在通过引入先进的技术手段和管理理念，优化审核流程，提高审核效率，确保审核结果的准确性和公正性。

　　笔者梳理了近年来关于开放鉴定机制研究的相关成果，内容涵盖了跨学科理论基础、法治化路径、协同机制、自由裁量权控制、尽职免责制度等多个方面。通过对相关研究的系统梳理和分析，笔者尝试揭示档案开放鉴定机制的核心要素和发展趋势，为未来的研究和实践提供参考。

2.1.1 理论基础与国际经验借鉴

　　档案开放审核的理论基础与国际经验借鉴的研究，旨在通过跨学科的理论审视和国际经验的借鉴，为档案开放审核提供更加全面和科学的理论支持。研究者们从档案学、公共管理学、法学、公共经济学等多学科视角出发，分析了档案开放审核的理论基础，并借鉴了澳大利亚和英国等国家的先进经验。

王巧玲等从档案学、公共管理学、法学、公共经济学等多学科视角出发，对档案开放审核的理论基础进行了深入审视，提出了档案价值扩展论、善治理论、所有权法学理论以及公共经济学的成本收益分析，为档案开放审核提供了全面的理论支持。跨学科的理论基础研究不仅丰富了档案开放审核的理论体系，而且为实际操作提供了多维度的指导。❶ 姚静等从实施主体、指涉对象、具体内容、导致结果四个维度对"档案开放""档案鉴定""档案划控""档案审核"等术语进行了详细的比较分析，通过明确各自的概念边界和使用场景，提高了档案开放工作的规范性和有序性。❷ 裴煜等分析了澳大利亚的档案开放利用法规制度，指出其在开放利用方面具有高度的协调性、明显的促进开放和保障利用导向，以及强有力制度支撑的特点。这些经验对我国档案开放审核机制的完善具有重要借鉴意义。通过对国际经验的借鉴，可以为我国档案开放审核机制的优化提供新的思路和方法。❸ 李颖从理念、制度和行动三个层面对档案开放进行了深入研究，强调与数字时代发展同步的档案开放意识，提出构建有效衔接且关系顺畅的档案开放制度框架，并探讨2020年修订的《中华人民共和国档案法》对档案开放的影响及其在新时代的推进策略。理念、制度与行动的综合研究为档案开放审核提供了全方位的指导，确保审核过程的科学性和系统性。❹ 杨千等通过对英国档案开放审核法规制度的分析，提出中国可以借鉴英国的经验，包括完善开放审核法规政策体系、前置开放审核环节、建立相对独立的咨询委员会以及将解密与划控分开等关键点。国际经验的借鉴不仅可以帮助我国完善现有制度，而且可以为未来的制度创新提供参考。❺

---

❶ 王巧玲，丁德胜，谢永宪. 本土化实践背景下档案开放审核跨学科理论基础审视［J］. 档案学研究，2024（3）：13–18.

❷ 姚静，加小双，张渼婕. 档案开放审核等相关概念的梳理与辨析［J］. 山西档案，2024（2）：18–25，42.

❸ 裴煜，熊威. 澳大利亚联邦档案开放利用法规制度分析［J］. 兰台世界，2023（11）：97–101.

❹ 李颖. 档案开放研究：理念、制度与行动［J］. 档案与建设，2022（3）：36–39.

❺ 杨千，谢鑫. 英国档案开放审核法规内容及启示［J］. 北京档案，2021（10）：41–45.

2.1.2　档案开放审核协同机制

档案开放审核协同机制与法治化路径的研究主要集中在如何通过构建高效的协同机制和完善的法治化路径,解决档案开放审核中的效率低下、责任不明确等问题。研究者们结合博弈分析、数字化平台等手段,提出了一系列优化方案,以提高档案开放审核的效率和质量。

曾毅基于 2020 年修订的《中华人民共和国档案法》,提出了档案开放审核协同机制的构建设想,包括用户运行、合作运行、行政管理和技术支持四个部分,通过大数据平台整合档案资源和审核力量,优化审核工作。这一研究强调了大数据平台在档案开放审核中的重要作用,提出了通过技术手段提升协同效率的具体路径。❶ 宋琳琳等通过博弈分析框架,探讨了我国档案开放审核协同模式的差异及其形成与转型动因,研究对比了现行的两种协同模式并提出了优化方案,以提高档案开放审核的效率和质量。博弈分析法的应用不仅揭示了档案开放审核初审中的博弈行为,还为优化现行协同模式提供了理论依据。❷ 王芹等从总体国家安全观的角度,提出了一系列制度优化策略,包括构建主体协同关系、以"负面清单"明确判定依据、完善监督救济程序等,以应对档案开放审核制度中存在的问题。❸ 蒋云飞等进一步分析了地方实践中的协同机制,指出了主体责任分工模糊、协同审核程序缺乏统一标准等法律困境,并建议细化"会同审核"条款,加强立法供给,构建统一的档案开放审核程序标准。这一研究不仅揭示了地方实践中的问题,而且提出了具体的立法建议,为完善档案开放审核协同机制提供了重要参考。❹ 在法治化路径方面,陈强探讨了国家档案馆档案开放审核的法治进路,提出了推进档案开放审核制度法治化的路径,包括完善法律规范、明确职责、健全审核标准和保障社会力量参与。法治化路径的研究为档案开放审核提供了法律保障,确保审核过程的规范性和透明性。❺ 刘金霞深入探讨了档案开放审核人才队伍的建设策

❶ 曾毅. 档案开放审核协同机制研究:基于新修订档案法的视角 [J]. 浙江档案, 2021 (8): 26 - 28.
❷ 宋琳琳, 黄宇彬, 李海涛. 博弈视角下我国档案开放审核协同模式探析 [J]. 山西档案, 2023 (2): 58 - 67.
❸ 王芹, 岳靓, 杨婷, 等. 总体国家安全观下的档案开放审核制度优化研究 [J]. 档案与建设, 2024 (4): 73 - 78
❹ 蒋云飞, 王伟. 档案开放审核协同机制的地方实践与立法完善 [J]. 档案与建设, 2024 (6): 44 - 50.
❺ 陈强. 国家档案馆档案开放审核的法治进路 [J]. 档案与建设, 2024 (4): 79 - 85.

略，指出档案开放审核工作政策性和专业性极强，对审核人员提出了很高的要求。刘金霞研究分析了当前档案开放审核人才队伍的构成及现状，并提出了加强档案开放审核人才队伍建设的策略，包括多渠道培养提升人才、建立专家库、稳定队伍、建立容错免责机制和探索培育第三方力量等。人才队伍建设的研究为档案开放审核提供了人力资源保障，确保审核过程的专业性和高效性。❶

2.1.3 自由裁量权与尽职免责制度

自由裁量权与尽职免责制度的研究关注如何在档案开放鉴定中合理控制自由裁量权，建立尽职免责制度，确保审核过程的公正性和透明性。研究者们通过设计控制模式和构建免责制度，为档案开放鉴定提供操作性强的指导。

肖秋会等研究了档案开放审核中的自由裁量权问题，设计了四种控制模式：基于规则的强制性控制、基于原则的导向性控制、基于参与的竞争性控制和基于审查的监督性控制；提出构建复合控制机制，以确保档案开放审核在法治轨道上前行。自由裁量权的控制机制研究为档案开放审核提供了操作性强的指导，确保审核过程的公正性和透明性。❷ 蒋云飞等探讨了档案开放审核尽职免责制度的理论基础、现实困境和构建路径，提出了增设尽职免责条款、优化程序和完善配套机制等建议。尽职免责制度研究可以为档案开放审核人员提供法律保障，鼓励他们在审核过程中积极履职，减少因审核失误而承担的法律风险。❸

2.1.4 研究启示

档案开放鉴定的机制研究为优化档案开发鉴定业务、提升开放审核的效率和准确性、增强开放审核的法律保障提供了重要的理论支持。在档案开放审核的协同机制与法治化路径方面，现有研究表明，通过构建高效的协同机制和完善的法治化路径，可以显著提高档案开放审核的效率和质量。研究者们通过博弈分析、大数据平台等技术手段，提出了一系列优化方案，以解决审核过程中的效率低下、

---

❶ 刘金霞. 试论档案开放审核人才队伍的建设策略 [J]. 四川档案，2024（3）：35－37.

❷ 肖秋会，王玉，张博闻. 档案开放审核自由裁量权控制机制研究 [J]. 档案学研究，2023（6）：61－68.

❸ 蒋云飞，金畅. 档案开放审核尽职免责：理论阐释与制度创设 [J]. 档案学通讯，2023（5）：11－18.

责任不明确等问题。

　　跨学科的理论基础研究和国际经验借鉴为档案开放审核提供了全面和科学的理论支持。通过引入档案学、公共管理学、法学、公共经济学等多学科的理论内容，研究者们丰富了档案开放审核的理论体系，为实际操作提供了多维度的指导。同时，借鉴澳大利亚和英国等国家的先进经验，研究者们提出了适合我国的优化建议，为我国档案开放审核机制的完善提供了新的思路和方法。

　　自由裁量权的控制和尽职免责制度的建立是确保审核过程公正性和透明性的关键。研究者们设计了多种控制模式，提出了构建复合控制机制的建议，并探讨了尽职免责制度的理论基础和构建路径。这些研究为档案开放审核提供了操作性强的指导，确保审核人员在履职过程中能够依法依规，同时减少其因审核失误而承担的法律风险。概念辨析与制度优化的研究有助于提高档案开放审核的规范性和有序性。通过明确各相关概念的边界和使用场景，研究者们提出了系统性的制度优化策略。

2.2　档案开放鉴定的流程

　　档案开放鉴定作为档案管理的重要环节，其流程的优化和标准化直接关系到档案资源的合理利用和社会服务水平的提升。档案开放鉴定的流程旨在研究系统化、标准化和智能化档案开放审核的各个环节，以提高审核效率，确保审核结果的合规性与准确性。近年来，学界围绕档案开放的流程和关键过程开展了系列讨论，重点研究了融合人工智能辅助审核的流程优化、审核结果分类与标准化体系构建、解密与开放审核实施策略以及审核工作的问题对策等问题。

2.2.1　融合人工智能技术的鉴定流程

　　在质与量的双重压力下，研究者们提出将人工智能技术应用于档案开放鉴定的流程中。通过引入先进的技术手段，优化审核流程，降低成本，提高审核效率，确保审核结果的准确性和公正性。

周友泉等详细阐述了"档案 AI 辅助开放审核"组件的功能、调用及应用,为档案开放审核工作的数字化转型提供了新的业务视角。该组件通过大数据人工智能技术提高审核效率,降低成本,并在浙江省一体化数字资源系统中供各级档案馆在线调用。这一研究展示了人工智能技术在档案审核流程中的巨大潜力,推动了档案管理的现代化和智能化。人工智能辅助审核组件能够自动识别和分类档案内容,减少人工审核的工作量,并通过机器学习算法不断优化审核标准和流程,提高审核的准确性和一致性。[1] 曹宇等分析了人工智能技术在档案开放审核中的应用流程,探讨了人工智能技术如何助力档案解密与开放审核工作的效率化、智能化和现代化。通过江苏省档案馆、福建省档案馆、广东省广州市档案馆等人工智能开放鉴定的案例分析,展示了人工智能技术在开放审核中的应用实践,并提出了利用人工智能技术重构档案解密与开放审核流程的策略,以期实现更高效的档案开放审核工作。人工智能技术不仅可以提升工作效率,而且可以实现智能化管理,减少人为因素对审核结果的影响。[2]

2.2.2 审核结果分类与标准化体系构建

审核结果的分类与标准化体系的构建,是确保档案开放审核工作规范化和系统化的重要环节。研究者们通过对审核结果的分类与标注、标准化体系的构建,提出了系列优化方案,以提高审核工作的质量和效率。

王巧玲等探讨了档案开放审核结果的法律性质、标注内容及标注单位,提出了"到期开放""提前开放"和"延期开放"三大类审核结果,并详细讨论了结果标注的具体内容和单位。该研究为档案开放审核提供了标准化和系统化的指导,确保审核结果的准确性和一致性。该研究提出了详细的标注规则和标准,明确了不同类型审核结果的标注方法和单位,确保审核结果的透明性和可追溯性。[3] 谢永宪等通过调研发现,虽然我国档案开放审核工作取得了一定成绩,但仍面临开放风险顾虑、档案整理工作量大、降密解密工作受阻、审核程序不明确、审核标准

---

❶ 周友泉,连波,曹军."浙里数字档案"重大应用场景实践:"档案 AI 辅助开放审核"组件的性能与应用 [J]. 浙江档案,2022(11):22 - 24.

❷ 曹宇,刘思思. 档案开放审核协同机制研究:基于新《中华人民共和国档案法实施条例》的视角 [J]. 兰台世界,2024(3):4 - 7.

❸ 王巧玲,王欣. 档案开放审核的结果及其标注问题探究 [J]. 北京档案,2023(12):11 - 14.

需细化、人力资源配置不合理、档案形成单位能力不足以及智能辅助审核覆盖面小等问题。为应对这些问题，该研究提出了确认免责条件、修改档案接收要求、完善工作方式、明确权责关系、建立工作流程、细化工作标准、开展培训与交流以及提升智能技术应用等措施。面对上述问题，该研究进一步提出通过加强培训和交流，提高审核人员的专业素质和能力，优化审核流程和标准，确保审核工作的高效和规范。❶ 刘金霞通过调研总结了档案开放审核的基本情况、经验和存在的问题，并为构建标准化体系提供了理论参考和依据。该研究详细分析了档案开放审核的法规制度、工作机制、审核流程、技术应用和人才储备等方面，并对北京、上海、浙江、山东、天津和广西等地档案馆的实践情况进行了调研。该研究为档案开放审核的标准化建设提供了全面的理论和实践支持，提出了构建标准化体系的具体路径和方法。❷

2.2.3　解密与开放鉴定实施策略

解密与开放鉴定的实施策略是确保档案开放鉴定工作顺利进行的重要保障。研究者们通过对解密与开放鉴定的实施策略进行深入探讨，提出了相关管理策略，以提高审核工作的效率和质量。

王海滨等以广州市档案馆为例，探讨了档案解密与开放审核的实施策略与路径，提出了明确主体责任、优化工作流程、规范管理、建立数据平台等具体策略。这一研究强调了提高政治站位、逐步提高开放率和充分沟通转变观念等关键节点和核心环节，以确保档案解密与开放审核工作的顺利进行。具体而言，该研究提出了建立多层次的审核机制，明确各级审核主体的责任和权限，优化审核流程，确保审核工作的高效和规范。❸ 黎富文等提出了引入"子档号"概念以实现更精准的档案开放审核，通过"子档号"的引入，可以实现档案开放审核的精细化管理，提高档案开放率，更好地服务于社会和公众。该研究指出，"子档号"概念的引入，可以解决一件档案中不同构成部分的开放与控制问题，实现档案开放审核的

---

❶ 谢永宪，王巧玲，刘湘娟，等. 我国档案开放审核工作调研与分析［J］. 山西档案，2023（5）：156－164.
❷ 刘金霞. 依法开展开放审核大力推进档案开放［J］. 四川档案，2021（6）：20－21.
❸ 王海滨，王彩虹，张静，等. 档案解密与开放审核的实施策略与路径：以广州市档案馆为例［J］. 陕西档案，2024（1）：41－42.

精细化管理，提高审核工作的准确性和效率。[1] 张世举等提出了一种新型的届期档案开放审核模式，探讨了该模式的业务原则和实现步骤，为档案开放审核提供了新的思路和方法。该研究提出了视情调控原则、关切豁免原则、动态迭代原则和区域共治原则，详细分析了新型模式的实现步骤，包括计划、执行、检查和行动（PDCA 循环方法），并强调了强化尾端受控能力的重要性。[2] 马秀艳指出，相关法律法规的修订、现代信息技术的发展以及政府治理能力的提升等，都对档案开放审核工作提出了新的要求。该研究详细分析了档案开放审核机制、制度、计算机系统辅助开发设计以及档案开放审核机构力量等方面的不足，并提出调整工作思路、建立协调机制、激发内生动力等策略，以促进档案开放审核工作的转型升级和提质增效。[3]

2.2.4　研究启示

　　档案开放鉴定的流程研究涵盖了多个关键内容，主要包括融合人工智能辅助鉴定的流程优化、审核结果分类与标准化体系构建、解密与开放审核实施策略以及开放鉴定工作的问题对策。这些研究内容旨在通过系统化、标准化和智能化的手段，提升档案开放审核的效率和准确性，确保审核结果的公正性和透明性。

　　在人工智能辅助鉴定与流程优化方面，研究者们提出将人工智能技术应用于档案开放鉴定中，以应对质与量的双重压力。通过引入先进的技术手段，如大数据和机器学习算法，优化审核流程，降低成本，提高审核效率。代表性成果如"档案 AI 辅助开放审核"组件的开发与应用，该组件能够自动识别和分类档案内容，减少人工审核的工作量，并通过不断优化审核标准和流程，提高审核的准确性和一致性。

　　审核结果分类与标准化体系构建的研究成果为档案开放审核提供了标准化和系统化的指导。研究者们提出了详细的标注规则和标准，明确了不同类型审核结果的标注方法和单位，确保审核结果的透明性和可追溯性。有研究通过调研总结了档案开放审核的基本情况、经验和存在的问题，为构建标准化体系提供了理论

---

[1]　黎富文，陈璇，陈慧玲，等. 档案开放审核方式精细化探讨［J］. 云南档案，2023（4）：45-47.
[2]　张世举，薛娟娟. 法治视野下的届期档案开放审核模式创设分析：基于档案法规体系部分条文［J］. 办公自动化，2021，26（10）：45-49.
[3]　马秀艳. 新时代馆藏档案开放审核工作的挑战与对策［J］. 兰台世界，2021（6）：125-127.

参考和实践依据。这些研究为档案开放审核的标准化建设提供了全面的支持，确保审核工作的规范性和一致性。

解密与开放审核实施策略的研究成果为确保档案开放审核工作的顺利进行提供了重要保障。研究者们提出了明确主体责任、优化工作流程、规范管理、建立数据平台等具体策略，强调了提高政治站位、逐步提高开放率和充分沟通转变观念等关键节点和核心环节。此外，有学者提出了"子档号"概念和新型的届期档案开放审核模式，通过精细化管理和新型审核模式的探索，提高了审核工作的准度和效率。

现有研究通过对审核工作的现状和存在问题进行深入分析，进一步提出了一系列对策方案，包括确认免责条件、修改档案接收要求、完善工作方式、明确权责关系、建立工作流程、细化工作标准、开展培训与交流以及提升智能技术应用等措施。这些对策为解决实际操作中的问题提供了具体的改进措施，确保审核工作的高效性和规范性。

2.3 智能开放鉴定的技术

随着信息技术的快速发展，档案管理工作逐渐向数字化和智能化方向转型。特别是 2020 年修订的《中华人民共和国档案法》实施后，档案开放工作被提到了一个较高的位置。智能开放鉴定技术的研究和应用，能够提高审核效率，降低成本，为档案管理提供新的业务视角。笔者分析了近年来在智能开放鉴定领域的技术研究进展，重点介绍自然语言处理、机器学习等技术在档案开放审核中的应用。

2.3.1 人工智能技术的应用模式

人工智能技术在档案开放鉴定中的优势主要体现在提高审核效率、降低成本以及提升审核质量等方面。刘科等研究了档案开放审核工作中辅助技术的应用，以提升审核工作的质量和效率。该研究定义了辅助技术的基本含义，并提出了主次原则、动态原则和适宜原则，确保技术应用的合理性，重点探讨了关键词提取技术和敏感词词库技术的应用，通过具体的算法和实践案例，展示了这些技术如何辅助档案开放审核工作。研究结果表明，信息技术辅助在提高审核效率和质量方面具有巨大潜力。例如，关键词提取技术能够快速识别档案中的重要信息，而敏感词词库技术则能够有效过滤和标注可能涉及隐私或敏感内容的档案。❶ 周友泉等详细阐述了"档案 AI 辅助开放审核"组件的功能、调用及应用。该组件通过大数据人工智能技术提高审核效率，降低成本，并在浙江省一体化数字资源系统中供各级档案馆在线调用。研究表明，该组件在提高审核效率和降低成本方面具有显著优势，为档案开放审核工作的数字化转型提供了新的业务视角。具体来说，该组件能够自动识别和标注档案中的敏感信息，减少了人工审核的工作量，并通过机器学习算法不断优化审核规则，提高审核的准确性和可靠性。❷ 卞咸杰探讨了智能工作流技术在档案开放审核系统中的应用。该研究介绍了智能工作流技术的产生、发展和在多个领域的应用，分析了档案开放审核的重要性和挑战，并提出了基于智能工作流技术的档案开放审核系统设计。系统设计包括功能需求、总体设计、智能工作流模型、可视化建模和仲裁机制等。该研究通过测试验证了其系统的有效性，表明智能工作流技术在提高档案开放审核效率和准确性方面具有重要作用。智能工作流技术能够自动化处理审核流程，减少人工干预，提高审核速度，并通过可视化建模和仲裁机制，确保审核过程的透明性和公正性。❸

2.3.2　语义分析与自然语言处理

语义分析与自然语言处理技术在档案开放审核中的应用，有效提升了审核的准确性和效率。语义分析与自然语言处理技术能够自动识别和编码档案内容，解决了传统方法在处理大量档案数据时效率低下和准确性不足的问题。

聂博馨等探讨了利用人工智能及自然语言处理技术辅助档案分级开放审核的可能性和实施策略。该研究分析了档案开放审核的基本概念、重要性、传统方法的局限性以及人工智能辅助审核的优势，提出了档案分级开放审核的具体类型和

---

❶ "档案开放标准化体系研究"课题组，刘科. 档案开放审核工作中的辅助技术应用研究［J］. 四川档案，2022（5）：44 – 45.

❷ 周友泉，连波，曹军. "浙里数字档案"重大应用场景实践："档案 AI 辅助开放审核"组件的性能与应用［J］. 浙江档案，2022（11）：22 – 24.

❸ 卞咸杰. 基于智能工作流技术的档案开放审核系统设计与实现［J］. 档案管理，2023（6）：84 – 87.

重要性，并详细介绍了人工智能审核的技术路线、研究内容和预期成果。该研究强调了大语言模型在档案开放审核中的应用，包括预处理、模型训练、分类与标注、复核与优化等步骤。大语言模型能够通过深度学习算法，自动识别和分类档案内容，提高审核的准确性和效率。❶ 王楠等探讨了语义层次网络（hierarchical network of concepts，HNC）在文书档案开放审核中的应用。这项研究指出，传统的关键词技术在档案开放审核中存在局限性，提出构建语义层次网络是解决这些问题的有效方法。该研究采用了人工智能领域的语义工程技术，开发了档案智能开放审核系统，并通过实验验证了该系统的有效性。实验结果显示，基于语义层次网络的语义分析法在精确率方面较传统关键词法有显著提升，有效降低了语义失真，减少了误判、漏判问题。❷ 还有研究人员进一步探索了自然语言处理技术在数字档案中的应用，特别是主题建模技术来识别包含个人隐私信息的文档。该研究使用了 ArchExtract 软件，对文档进行了分析，并通过不同的主题数量训练模型。尽管主题建模在识别需要审查的文档方面显示出潜力，但研究结果表明，需要进一步的分析和改进，以提高文档级别的识别能力。例如，主题建模技术能够通过分析文档的主题结构，自动识别和分类档案内容，提高审核的准确性和效率。❸

2.3.3　有监督的机器学习

有监督的机器学习技术通过训练模型，使机器能够自动识别和分类档案中的敏感信息。从而显著提升审核的自动化和智能化水平。有研究人员研究了在数字档案中保护隐私的方法，特别是通过监督机器学习来识别包含个人人力资源信息的文档。该研究使用了 Weka 软件处理文档语料库，并使用多项式朴素贝叶斯分类器（native bayes classifier，NBC）进行分类。研究结果表明，监督机器学习在识别个人可识别信息（personally identifiable information，PII）方面显示出潜力，可以作为审查档案限制的"分诊"方法。具体来说，监督机器学习能够通过训练模型，

❶ 聂博馨，曹月. 利用人工智能及自然语言技术辅助档案分级开放审核研究 [J]. 黑龙江档案，2024（2）：14 – 17.
❷ 王楠，丁原，李军. 语义层次网络在文书档案开放审核中的应用 [J]. 档案与建设，2022（6）：55 – 60.
❸ HUTCHINSON T. Protecting privacy in the archives：preliminary explorations of topic modeling for born – digital collections [C] //2017 IEEE International Conference on Big Data（Big Data）. IEEE，2017：2251 – 2255.

自动识别和分类档案中的敏感信息,提高审核的效率和准确性。❶ 有研究探讨了如何利用大数据分析技术来提前公开访问数字档案,同时保护记录创作者和第三方的隐私。该研究提出了一个研究议程,用于促进更可访问的公共记录档案馆的世界,并讨论了预测性编码或技术辅助审查在法律领域中的应用。该研究还提出了使用社会网络分析、情感分析和可视化分析等其他分析方法来识别敏感内容的潜力。相关数据分析技术能够通过分析海量数据,自动识别和分类档案中的敏感信息,提高审核的效率和准确性。❷ 有研究探讨了如何使用自然语言处理工具、情感分析和文本分类算法来自动、可靠且高效地检测公共网站上的个人可识别信息。研究者创建了一个包含纽卡斯尔大学网站页面的数据集,并使用多项式朴素贝叶斯分类器、随机森林(random forest,RF)分类器和长短时记忆网络(long short - term memory,LSTM)模型进行训练。研究结果表明,尽管所有模型在检测个人可识别信息方面表现良好,但它们倾向于错误地将包含个人可识别信息的句子标记为不包含个人可识别信息,这表明模型可能存在对多数类的识别偏差。❸ 还有研究通过一个案例研究,描述了对档案集合进行计算处理的方法,专注于自动化检测某一历史记录中的个人可识别信息。研究团队使用了自然语言处理和机器学习技术来创建和测试一个自动化检测个人可识别信息的算法。这项研究的创新包括将计算思维实践应用于档案科学实践,以及开发用于档案和图书馆教育的计算框架。例如,通过应用计算思维实践,能够提高档案材料的鉴定、处理和分析的效率和精确度。❹

2.3.4 研究启示

智能化档案开放鉴定技术的研究揭示了自然语言处理和机器学习在这一领域中的关键作用。首先,自然语言处理技术在智能化档案开放鉴定中占据核心地位。

❶ HUTCHINSON T. Protecting privacy in the archives: supervised machine learning and born - digital records [C] //2018 IEEE International Conference on Big Data (Big Data). IEEE, 2018: 2696 - 2701.

❷ BORDEN B B, BARON J R. Opening up dark digital archives through the use of analytics to identify sensitive content [C] //2016 IEEE international conference on big data (big data). IEEE, 2016: 3224 - 3229.

❸ BROWN C, MORISSET C. Simple and efficient identification of personally identifiable information on a public website [C] //2022 IEEE International Conference on Big Data (Big Data). IEEE, 2022: 4246 - 4255.

❹ MARCIANO R, UNDERWOOD W, HANAEE M, et al. Automating the detection of personally identifiable information (PII) in Japanese - American WWII incarceration camp records [C] //2018 IEEE International Confer-ence on Big Data (Big Data). IEEE, 2018: 2725 - 2732.

多项研究表明，自然语言处理技术能够使机器理解档案内容，从而实现自动化的内容分析和分类。这一技术的应用不仅提高了审核的准确性和效率，而且解决了传统方法在处理大量档案数据时效率低下和准确性不足的问题。

机器学习是实现自动化鉴定的关键技术。通过在大规模档案数据中学习，机器能够掌握开放鉴定的规则，并将这些规则转化为自动化鉴定算法。具体应用中，监督学习模型通过训练数据集，能够自动识别和分类档案中的敏感信息，实现高效、准确的审核过程。这种自动化的鉴定过程不仅减少了人工审核的工作量，而且有效提高了审核的速度和准确性。然而，智能化档案开放鉴定的有效性依赖于足够的标注数据来训练机器学习模型。只有在拥有大量高质量标注数据的情况下，机器学习模型才能具备较好的鉴定效果。因此，数据标注的质量和数量直接影响到智能化鉴定系统的性能和可靠性。未来的研究应注重构建和优化标注数据集，以提升机器学习模型的训练效果，从而进一步提高智能化档案开放鉴定的准确性和效率。

现有研究进展表明，自然语言处理技术和机器学习技术在档案开放鉴定领域具有重要的应用价值。自然语言处理技术使机器能够理解和分析档案内容，而机器学习技术则通过学习算法实现高效、准确的鉴定过程，其关键点是标注数据的质量和数量。

2.4　智能开放鉴定的实践进展

由于 2020 年修订的《中华人民共和国档案法》将档案封闭期从之前的 30 年缩短至 25 年，因此我国各个档案馆开放审核档案的工作压力增大。面对大量待开放审核的档案，利用人工智能技术来提升档案利用服务能力成为档案部门的必然选择。人工智能在档案开放审核中的应用主要是识别出包含国家秘密、工作秘密或是个人隐私的文档信息，为档案工作者开放档案提供决策参考。

2.4.1　福建省档案馆

福建省档案馆研发的"基于数字档案的人工智能档案开放审核系统"是较为

前沿的案例，体现了智能技术在档案利用控制方面的应用策略。❶ 福建省档案馆高度重视档案信息化，依托"数字福建"建设，以档案信息资源社会共享为目标，遵循"存量数字化、增量电子化"原则，通过政府专项资金的持续投入，大力推进馆藏档案资源建设。

（1）规则制定

截至 2023 年，福建省档案馆馆藏档案数字化率已超过 99%，拥有大量的目录数据和原文数据。福建省档案馆在推进档案数字化的同时，还进行了基础的 OCR 识别，为智能化管理奠定了坚实基础。档案开放审核工作需对海量文本信息进行整理鉴别，确定是否面向社会开放。福建省档案馆在多年开放审核工作经验的基础上，收集整理了近 600 个敏感词，并与福建省公安厅网络安全部门合作，设计制定了开放审核档案关键词表，建立了动态管理敏感词词库，为引入人工智能技术进行档案开放审核奠定了规则基础。

（2）基于文本分类的档案开放审核

福建省档案馆项目组提出档案智能开放审核所要解决的关键问题是如何从海量档案中挑选出需要控制的档案，其本质是"文本分类"问题。进行文本分类任务前，需要对档案资源进行数据化。因此，福建省档案馆提出 OCR 识别是档案开放审核工作的"预处理"环节，其输出文本直接影响后续人工智能学习的效果。基于"CRNN + CTC"（卷积递归神经网络 + 连接时序分类）的文字识别算法适用于识别档案行业的手写体和印刷体文本，能够识别和转换 OCR 中的文本序列，实现数字档案的文本信息提取。此外，该项目还采用深度学习模型，通过 OCR 识别和自然语言处理技术进行格式分析、印章定位和去除等操作，提高模型精准度。

在神经网络的分类算法中，福建省档案馆选择了先进的 ERNIE 模型作为分类器的预训练模型的基础模型进行测试，该模型具有很强的语义表示能力和泛化能力，可以自动学习和提取档案文本的语义信息，极大提升了对于敏感信息的识别率。在传统机器学习算法中，先使用词频 – 逆文件频率（term frequency – inverse document frequency，TF – IDF）算法作为文本特征提取算法，然后采用朴素贝叶斯分类器，其优点是简单快速，可以处理大规模数据。

将待审核的档案导入系统后，由系统在后台自动启动预处理工作，提取档案

---

❶ 黄建峰，颜梓森，张枫旻，等. 福建：运用人工智能技术搭建开放审核模型［J］. 中国档案，2023（7）：27 – 29.

信息文本，在关联便携式文档格式（PDF）后进行人工智能分库，将待审核的档案自动划分为"拟涉密库"、"拟非密控制库"、"待定库"和"拟开放库"4个分库，同时根据敏感词词库对导入系统的档案目录和原文进行敏感词自动高亮标注，快速挑选出需要控制的档案。

（3）效果分析

在效果方面，福建省档案馆的实践显著优化了开放审核流程。通过系统对档案开放审核值进行智能推荐，并在工作实践中不断对模型进行训练优化，提升推荐的准确率，有效提高了档案开放审核效率和档案服务利用水平。在该智能审核系统的辅助下，福建省档案馆有效完成150多万件开放档案的审核任务，完成"十四五"规划确定任务的46.9%。

2.4.2　江苏省档案馆

江苏省档案馆所建设的"基于语义分析的档案智能化开放审核系统"是另一具有代表性的先进案例。该系统具备零样本、高保真、强兼容的优势，能够自动批量检测需要延期开放的档案，并提供详细理由和记录，实现了即插即用和快速迭代的智能化开放审核。❶

（1）规则制定

江苏省档案馆通过建立语义知识库，将档案馆专业划控开放鉴定人员的专业知识转化为计算机可用的语义鉴定规则。该馆依据国家档案局公布的《各级国家档案馆馆藏档案解密和划分控制使用范围的暂行规定》中的20项档案划控原则，创建了档案馆开放审核的语义规范、框架、模型和知识库。这一举措为国家公布的概括性鉴定原则提供了具体化的鉴定标准，解决了国家鉴定原则过于抽象和鉴定人员主观性强导致标准不统一的问题。通过这一系统，江苏省档案馆为数字化档案的智能化鉴定奠定了标准化基础，提供了可供参考的标准化鉴定规则，提升了档案开放审核的科学性和一致性。

（2）解决方案

江苏省档案馆引入认知智能理念，利用语义工程技术和语义知识库，实现了对档案内容的高保真解析，并指导语义知识库的建设。基于语义工程技术的语义

---

❶　李军，徐志国，王楠. 智能语义助推档案开放审核的研究与实践［J］. 中国档案，2023（11）：56-57.

鉴定模型和系统，解决了现有关键词自然语言处理技术易漏判、误判以及神经网络技术需要大量样本标注的问题。该系统无须大量数据进行大规模训练，能够保障数据安全，适用于数据敏感的档案行业。此外，该系统可以根据需求灵活修改，不断优化审核算法和鉴定规则，并及时生效，适应未来长期开展鉴定工作的需要。

江苏省档案馆设计了一种专门用于档案开放审核的语义层次网络模型，以解决审核过程中语义层次对不准的问题。与泛化的语义网络不同，语义层次网络仅包括相邻层级之间的关系，不涉及同层级节点或跨层级关系。这种模型是解析抽象审核条件的基础，建设得越完备，抽象条件就能被解析得越具体，更容易被计算机成功匹配。语义层次网络通过在不同层次中对齐档案原文和审核条件中的词组，实现了高效匹配，有效改善了审核工作中的误判和漏判问题。

基于语义层次网络的开放审核系统通过六个关键步骤实现高效、准确的档案开放审核。第一，该系统导入电子档案并进行 OCR 解析，将非文本档案转化为纯文本档案，并通过自然语言解析恢复档案的版面格式。第二，该系统进行数据质量核查，生成核查报告。第三，该系统自带密件识别标准，对待审核档案进行涉密筛查，标记并处理涉密档案。第四，基于开放审核语义知识库，该系统对不涉密档案进行自动检测，利用格式语义分析、浅层语义分析和深层语义分析实现档案语义与鉴定条件的匹配，输出不可开放的档案。第五，该系统依据各档案馆的人工鉴定经验和档案要求，开发并优化"开放可信度"算法。第六，该系统将审核后的档案放入待人工复核目录，逐条给出控制理由并标记状态，机器鉴定结果经过人工审核，无法判定的文件由人工鉴定，最终输出开放审核结果。通过这六个关键步骤，基于语义层次网络的开放审核系统提升了档案管理的智能化水平。

（3）效果分析

江苏省档案馆在 2021 年选择了 5 个全宗档案共 117293 件，先由系统检测拟延期开放档案结果，再由人工校验，得出检出率为 63.73%，相对于人工鉴定的准确率为 94.94%。2022 年，江苏省档案馆选择了 6 个全宗档案共 87843 件，先由人工审核，再由系统检测，检出率提升至 80.38%，相对于人工鉴定的准确率为 95.52%。2023 年，江苏省档案馆选择了 3 个全宗档案共 32 万件，完全由系统检测，检出率为 67.64%。江苏省档案馆通过这三年的实践，处理了近 52 万件档案，语义知识库不断积累，智能开放审核系统持续优化，版本逐渐成熟，拟延期开放档案的检出率达 65%，准确率超过 95%。经过项目实施，该系统在 24 小时内单台服务器可审核约 1.5 万件档案，处理 20 万页内容，展现出高效处理大规模档案的能力。2021~2022 年，江苏省档案馆利用智能开放审核系统对馆藏的 205136 件档案进行了辅助审核，经过人工和档案形成单位的会同审核，最终开放了 58824 件档案，开放率达 28.68%。这一科研成果在江苏省档案馆应用后取得了显著成效，并逐步推广到省内外多家档案馆，普遍反映该系统极大地节省了人工，提高了工作效率，推进了档案开放审核进程。❶

为进一步拓展智能语义开放审核系统的应用，解决档案移交进馆前附具开放审核意见难的操作问题，江苏省档案馆将应用范围扩展到省级机关移交进馆单位。2023 年，该馆联合企业开展"党政机关档案开放审核方法的研究"课题研究，旨在基于语义知识库，研究党政机关档案开放审核系统的建设、实施和使用，制定权威、操作性强的开放审核工作规程，辅助党政机关单位鉴定人员对尚未进馆的档案进行审核。

2.4.3　江西省档案馆

江西省档案馆以馆藏的有关文书档案为研究对象，开发了一种基于结构化和文本数据的辅助开放鉴定模型。该模型从分析档案信息特征入手，提出了一种从 16 个维度辅助开放鉴定的方法，综合运用关键词匹配和数据挖掘技术，构建了由递进式辅助开放鉴定双模块、算法模型和档案知识库组成的系统。该模型已成功应用于江西省档案馆的档案大数据分析应用系统和数字档案集成管理系统，有效提升了档案开放鉴定的效率和准确性。❷

（1）规则制定

江西省档案馆通过分析档案信息特征来制定开放鉴定规则。档案信息特征是指档案内容和形式中决定其开放或控制的特征，分为开放信息特征和敏感信息特征。江西省档案馆通过分析这些特征，开发了基于 16 个维度的辅助开放鉴定模型。文书档案内容丰富、主题广泛，形成背景复杂，需要从不同层面揭示主题和内在关联。笔者通过分析和测试，选用了 5 类档案信息特征，转化为 16 个维度。这些

❶ 李军，徐志国，王楠. 智能语义助推档案开放审核的研究与实践［J］. 中国档案，2023（11）：56－57.
❷ 毛海帆，李鹏达，傅培超，等. 基于数据挖掘技术构建辅助档案开放鉴定模型［J］. 中国档案，2022（12）：29－31.

维度分别从不同角度揭示档案信息的开放或敏感程度。

特定关键词特征包括6种信息特征，如特定开放词、特定敏感词、特定文种、特定责任者、公开属性和密级，这些特征直接用于预测档案的开放或控制。开放词与敏感词特征通过词数与阈值联合计算方法进行预测，创建了开放词词库和敏感词词库。敏感全宗特征反映全宗内文书档案的整体敏感程度，基于法规的开放鉴定分类信息特征，将法规条款转化为公开信息文本分类和控制文本分类两个维度，使用文本分类算法进行预测。档案文本片段信息特征通过聚类分析、语义分析和半监督式学习方法，转化为开放文本相似度、互联网文本相似度、控制文本相似度和情感分析4个维度。

这些由档案信息特征转化形成的16个鉴定模型维度中，前7个维度可直接预测档案的开放与否，后9个维度通过算法模型计算得出反映档案开放或控制程度的特征值。按开放和控制方向区分，特定开放词等7个维度用于开放方向的预测，特定敏感词等8个维度用于控制方向的预测，情感分析维度则兼而用之。

（2）解决方案

江西省档案馆提出鉴定模型所需的数据挖掘技术主要包括"档案数据化"和"数据分析算法"两项关键技术。笔者通过使用开源机器学习、自然语言处理和数据分析工具，准备了13.45万件文书档案分类语料，并收集了150多万条文件级机读目录语料和其他分类语料。在档案数据化和中文分词工具方面，选定PaddleOCR进行档案资源识别，并选择汉语词汇分析（lexical analysis of Chinese，LAC）作为中文分词工具，经过优化，识别和分词效果显著提升。在数据分析算法方面，部分维度使用确定有穷自动机（deterministic finite automation，DFA）搜索算法，文本聚类算法选用潜在语义索引（latent semantic indexing，LSI），文本分类算法选用TextCNN和"BERT + Dense"。

江西省档案馆开发了一个基于16个维度的辅助开放鉴定模型，结合档案知识库和算法模型，实现高效、准确的档案开放鉴定。该模型分为两个阶段——单维直接鉴定和多维加权组合鉴定。单维直接鉴定使用前7个可直接预测的维度，若任一维度输出结果，鉴定流程结束，否则进入多维加权组合鉴定阶段。多维加权组合鉴定使用后9个维度，通过深度学习网络加权计算，得出二分类预测结果。

笔者深入研究了多维加权组合鉴定阶段的权重系数配置与计算方法，采用德尔菲法、广义线性回归模型（generalized linear model，GLM）和深度学习网络进行测试，最终选择了深度学习感知器模型。该模型通过初始化训练和动态调整权重系数，显著提高了预测准确率和精确率。整个鉴定模型由知识层和智慧层构成，知识层提供档案知识服务，智慧层负责识别、分析并输出辅助开放鉴定意见。该模型具有良好的弹性和扩展性，能够通过持续学习和优化，不断提升智能水平和丰富档案知识库。

（3）效果分析

2022 年，江西省档案馆在"十四五"馆藏文书档案开放审核工作中，使用档案开放鉴定模型，通过中间接口与数字档案集成管理系统对接，实现了档案数据接收、OCR 识别、分析、预测、反馈和写入开放鉴定流程等智能化操作，完成 26.526 万件档案的二分类预测与运用。根据有关统计数据显示，该鉴定模型的预测率为 100%，总准确率为 70.68%，总精确率为 67.6%。单维直接鉴定模块的准确率和精确率分别为 93.07% 和 90.72%，多维加权组合鉴定模块的预测结果置信度在 70.21% 以上的精确率约为 63.78%。

为了进一步提升工作效率，江西省档案馆将单维直接鉴定模块的预测成果用于"一审替代"，减少了 25% 以上的人工一审工作量；并用于"二审替代"，减少了 20% 以上的人工二审工作量。各审级人员可根据多维加权组合鉴定的置信度筛选档案数据，作为开放鉴定的重要参考。在分发三审任务前，单维直接鉴定模块分析了 13 万件未应用预测成果、二审为开放的档案数据，将其中 6958 件修正为控制使用。

2.4.4　广东省珠海市档案馆

广东省珠海市档案馆依托国家档案局的科技项目，研发了智能化档案开放鉴定系统。该系统基于国产化应用，支持全流程线上鉴定和管理，并利用人工智能技术提高鉴定工作的效率和质量。通过强化制度建设和健全长效机制，广东省珠海市档案馆为档案开放鉴定工作提供了实践路径和示范经验，推动了新一代信息技术与档案工作的深度融合。

（1）规则制定

广东省珠海市档案馆依据《中华人民共和国档案法》《中华人民共和国保守国

家秘密法》《国家档案馆档案开放办法》等法律法规，制定了《珠海市档案馆档案开放审核制度》和《珠海市档案馆档案划分控制使用范围》，明确了审核范围、审核程序、过程材料归档、信息化辅助和安全保密等要求，建立了初审、复审、会审（征求意见）和领导小组会议审批的"三审一会"工作机制。通过数字化和无纸化审核，系统对各环节的责任人、审核内容、审核数量、审核意见、审核时间等进行保存备案，实现全程留痕和可追溯的安全管理。同时，审核结果自动在数据库中进行分类标注，馆藏数字档案资源按开放级、不开放级、涉密级细化利用等级别，确保档案开放审核工作有法可依、有章可循，推动了档案开放审核工作的智能化、标准化和规范化建设。

（2）解决方案

广东省珠海市档案馆通过引入人工智能技术，全面提升档案开放审核的智能化水平。第一，广东省珠海市档案馆利用 OCR 技术将各种类型的档案转录为可挖掘的数据信息，加快全文检索和数据分析。该系统基于数据化后的档案信息，自动比对敏感词词库，智能分析档案的题名、责任者和全文内容，标识敏感词位置。基于机器学习的 OCR 技术在识别速度和精度上优于传统技术，对印刷体汉字、人脸、音视频的识别率达 90% 以上，手写体识别率达 80% 以上。第二，广东省珠海市档案馆利用自然语言处理技术对数据化后的档案信息进行中文分词、词性标注、关键词提取、命名实体识别和自动分类等处理，实现人名、地名、机构名等关键信息的自动化抽取，快速检测档案形成单位或权属范围，提高个人隐私信息检测的准确性，为档案管理知识化提供基础支撑。第三，广东省珠海市档案馆采用 DFA 算法高效过滤敏感词，通过将敏感词构成多棵树，首字相同的敏感词处于同一棵树，进行敏感词匹配时只需检索以该字开头的树，大幅减少匹配范围，提高检索效率。以 10 万量级的敏感词词库为例，检测一段 20 字文本约需 2 分钟，而采用 DFA 敏感词全文比对技术仅需 0.4 秒。第四，利用隐马尔可夫模型（hidden Markov model，HMM）在智能辅助审核过程中，通过时间序列的概率模型，在不同上下文和语境下对敏感词进行智能判定，选择最优状态序列，提升智能预审质量。例如，"任免"在不同语境下的审核结果可能不同，HMM 可提高判定的准确性。

通过智能技术的应用，珠海市档案馆制定了一整套适应新时期需求的规范化、标准化的档案开放审核工作流程和管理模式，推动档案开放审核成为常态化工作，实现档案"应开放尽开放"。

（3）效果分析

自 2014 年以来，广东省珠海市档案馆连续 8 年使用智能化档案开放鉴定系统辅助档案开放审核工作，确保其常态化和流程化开展。截至 2021 年底，广东省珠海市档案馆馆藏自形成之日起满 30 年的文书档案已全部完成开放审核，并向社会公布了开放档案目录。随着 2020 年修订的《中华人民共和国档案法》实施，广东省珠海市档案馆依法落实期满 25 年档案向社会开放的要求，利用相关研究成果，将档案开放审核全程管理系统与升级后的广东省珠海市数字档案馆系统集成，实现并轨管理和数据互联互通。通过计算机预审和智能化判定，大幅提高了审核效率。截至 2022 年底，该馆馆藏自形成时间满 25 年的约 52.7 万件档案已 100% 完成开放审核，累计向社会开放档案约 6.4 万件，开放率约 12.2%。❶

2.4.5　案例启示

（1）智能技术引入的必然性与紧迫性

随着 2020 年修订的《中华人民共和国档案法》将档案封闭期从 30 年缩短至 25 年，而传统的人工审核方式不仅效率低下，而且容易受到主观因素的影响，难以满足大规模档案开放的需求。福建省档案馆、江苏省档案馆、江西省档案馆和广东省珠海市档案馆的实践表明，人工智能技术的引入是提升档案开放审核效率和准确性的必然选择。通过智能技术的应用，档案馆能够在短时间内处理大量档案，显著提高工作效率，满足社会对档案利用的迫切需求。

（2）注重鉴定规则制定与标准化建设

智能审核系统的有效运行离不开科学、严谨的规则制定。例如，福建省档案馆通过建立敏感词词库和动态管理机制，为智能审核奠定了坚实的基础；江苏省档案馆通过语义知识库的建设，将专业知识转化为计算机可用的规则，解决了现有鉴定原则过于抽象的问题；江西省档案馆通过分析档案信息特征，制定了基于 16 个维度的辅助开放鉴定模型。这些规则的制定不仅确保了智能审核的科学性和一致性，而且为其他档案馆提供了可借鉴的标准化建设经验。

（3）多种人工智能技术的综合性应用

各档案馆在智能审核中均采用了多种技术手段的综合应用，体现了技术融合

---

❶　罗人芳. 档案开放鉴定系统全程管理及应用实践研究［J］. 中国档案，2023（11）：54－55.

的重要性。例如，福建省档案馆采用了 OCR 识别、深度学习模型和传统机器学习算法相结合的方法；江苏省档案馆引入了语义工程技术和语义知识库；江西省档案馆综合运用了关键词匹配和数据挖掘技术；广东省珠海市档案馆则利用了 OCR、自然语言处理、DFA 算法和 HMM。这些技术手段的综合应用，不仅提升了智能审核的效果，而且为未来的技术创新提供了丰富的实践经验。

（4）智能鉴定模型的持续优化与迭代

智能审核系统的效果离不开持续的优化和迭代。各档案馆在实际应用中，不断对模型进行训练和优化，提升了推荐的准确率和审核效率。例如，江苏省档案馆通过三年的实践，语义知识库不断积累，智能开放审核系统持续优化，版本逐渐成熟；江西省档案馆通过动态调整深度学习感知器模型的权重系数，显著提高了预测准确率和精确率。这些实践表明，智能审核系统需要在实际应用中不断进行优化和迭代，以适应不断变化的需求和环境。

（5）强化智能审核系统的推广与应用

智能审核系统的成功应用不仅提升了各档案馆的审核效率，也为其他档案馆提供了可借鉴的经验。例如，江苏省档案馆的智能开放审核系统在省内外多家档案馆推广应用，取得了显著成效；江西省档案馆的辅助开放鉴定模型在有关馆藏文书档案开放审核工作中发挥了重要作用；广东省珠海市档案馆的智能化档案开放鉴定系统实现了全流程线上鉴定和管理，推动了档案开放审核的常态化和流程化。这些成功案例表明，智能审核系统具有广泛的适用性和推广价值。

（6）注重档案的安全管理与风险控制

在引入智能技术的同时，档案馆必须高度重视安全管理与风险控制。智能审核系统在处理大量档案信息时，必须确保数据的安全。各档案馆在实践中，通过建立严格的安全管理制度和技术措施，确保了档案信息的安全性和可靠性。例如，广东省珠海市档案馆通过数字化和无纸化审核，实现了全程留痕和可追溯的安全管理。这些措施为其他档案馆在引入智能技术时提供了宝贵的经验。

智能技术在档案开放审核中的应用，不仅提升了审核效率和准确性，而且推动了档案开放工作的智能化、标准化和规范化建设。未来，各档案馆可继续探索和创新智能技术在档案管理中的应用，推动档案事业的高质量发展。

第 3 章

智能开放鉴定的模型构建

3.1 基于文本分类的开放鉴定模型

3.1.1 文本分类算法

文本分类是文本挖掘、自然语言处理中的基础性工作。文本分类算法是许多复杂的文本挖掘算法的基础算法。在诸多智能开放鉴定的实践中，都能看到文本分类任务作为智能开放鉴定的组成部分出现。[1] 文本分类算法的目标是将给定的文本数据分配到预定义的类别中，从而实现对文本内容的自动化理解和处理。其算法原理是通过对文本数据进行特征提取和模式识别，利用机器学习或深度学习模型进行训练和预测，从而实现对新文本的分类。[2] 文本分类模型的训练与服务如图 3－1 所示。文本分类算法公式如下：

$$\hat{y} = \underset{c \in C}{\arg\max} P(c \mid x) \tag{式1}$$

其中，$\hat{y}$ 表示预测的类别，C 表示所有可能的类别集合，$P(c \mid x)$ 表示在给定文本 x 的情况下类别 c 的概率。这个公式的核心思想是选择使得条件概率 $P(c \mid x)$ 最

[1] 卞咸杰. 基于智能工作流技术的档案开放审核系统设计与实现 [J]. 档案管理，2023（6）：84－87.
[2] MINAEE S, KALCHBRENNER N, CAMBRIA E, et al. Deep learning: based text classification: a comprehensive review [J]. ACM Computing Surveys (CSUR), 2021, 54 (3): 1－40.

大的类别 c。

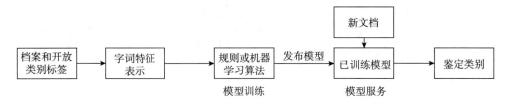

图 3 - 1　文本分类模型的训练与服务

从算法性质来看，文本分类算法可以分为非学习型和学习型算法。

非学习型算法的特点是基于预定义的规则或模式进行分类，不需要通过大量数据进行训练。这类算法通常依赖于人工设定的规则、关键词或正则表达式来进行文本的分类。学习型算法的特点是通过大量标注数据进行训练，利用机器学习或深度学习模型来自动学习文本的特征和分类规则，从而实现更高的分类准确率和泛化能力。

非学习型的文本分类算法是基于规则的分类方法，其主要过程包括以下四个步骤：第一，根据具体的分类需求，定义一组分类规则，这些规则可以是关键词列表、正则表达式或其他模式匹配方法。第二，对输入的文本进行预处理，包括分词、去停用词、词干提取等步骤，以便提高规则匹配的准确性。第三，将预处理后的文本与预定义的规则进行匹配，根据匹配结果将文本分配到相应的类别中。第四，输出分类结果，通常是文本所属的类别标签。例如，通过敏感词过滤的垃圾邮件分类算法就是一种非学习算法。该算法通过预定义一组敏感词列表，对每封邮件进行扫描，如果邮件中包含敏感词，则将其标记为垃圾邮件；有档案馆采用敏感词过滤的方式进行开放鉴定，也是一种典型的非学习型算法。通过预先定义一组敏感词或敏感信息的规则，算法对档案文本进行扫描和匹配，如果发现敏感信息，则该档案不予开放。

学习型的文本分类算法是以机器学习为基础的，让机器在大量数据中学习到分类的规则，并用于分类新的文本数据，是现阶段文本分类任务的主流算法。从过程来看，第一，学习型算法将待分类的文本按分类目标进行类别标注，常见的分类目标包括情感分析（如正面、负面、中性）、主题分类（如体育、科技、娱乐）、垃圾邮件检测（如垃圾邮件、非垃圾邮件）等。第二，对文本进行特征化表示，使之转变为机器可计算的向量形式，如 TF - IDF、词嵌入（word embedding）等。特征化表示的目的是将文本数据转换为数值特征向量，以便机器学习算法能够处理这些数据。第三，用经过标注的文本数据对机器进行训练，形成文本分类器。训练过程通常包括选择合适的机器学习或深度学习算法，如朴素贝叶斯、支持向量机、随机森林、神经网络等对特征向量进行训练，调整模型参数以最小化分类误差。经过学习所形成的文本分类器，就是文本分类算法。这个分类器可以对新文本数据进行分类预测，输出文本所属的类别标签。例如，在情感分析任务中，其一，收集大量的文本数据，对这些数据进行情感标注（如标注为正面、负面或中性）。其二，对这些文本数据进行预处理和特征化表示，生成特征向量。其三，选择合适的机器学习算法进行模型训练，进而形成一个能够自动识别文本情感的分类器。这个分类器可以应用于社交媒体评论、客户反馈等场景，自动判断文本的情感倾向。通过上述步骤，学习型文本分类算法能够自动学习文本的特征和分类规则，实现高效、准确的文本分类，为文本挖掘和自然语言处理的进一步应用提供了坚实的基础。

有学者将学习型算法又分为经典方法和深度方法。[1] 其中，经典方法是指经典文本分类方法，主要依托于传统的机器学习技术，其核心在于有效的特征工程和手工设计的特征提取。这些方法在处理文本数据时，首先需要对原始文本进行预处理，包括分词、数据清洗和统计等步骤，然后通过诸如词袋模型（bag - of - word，BOW）、N - gram、TF - IDF、Word2Vec 和 GloVe 等文本表示方法，将文本转换为计算机易于处理的格式。这些方法的关键在于能够捕捉文本数据中的关键信息，并减少信息损失。在经典方法中，朴素贝叶斯因其简单结构和在文本分类任务中的广泛应用而著称。它基于贝叶斯定理，假设特征条件独立，从而简化了计算过程。K - 最近邻（K - nearest neighbor，KNN）算法通过查找最近的 K 个邻居来对样本进行分类，是一种无须构建模型的简单分类器。支持向量机通过构建最优超平面来实现模式识别中的二元分类。随机森林和梯度提升方法如极端梯度提升树（extreme gradient bossting，XGBoost）和轻量级梯度提升机（light gradient boosting machine，LightGBM）通过集成多个决策树来提高分类性能。

深度文本分类方法基于深度神经网络，通过自动学习数据中的高级特征表示，克服了传统方法中手动特征提取的局限性。深度学习方法通过端到端的训练过程，将特征提取和模型训练整合在一起，从而能够直接从原始文本数据中学习

---

[1] LI Q, PENG H, LI J, et al. A survey on text classification：From traditional to deep learning ［J］. ACM Transactions on Intelligent Systems and Technology（TIST），2022，13（2）：1 - 41.

到有效的特征表示。深度学习模型，例如多层感知器（multilayer perceptron，MLP）、卷积神经网络、循环神经网络和长短期记忆网络，通过不同的网络结构和机制来捕捉文本数据中的局部和全局信息。此外，注意力机制在深度文本分类方法中占有重要地位。它通过为模型提供对输入序列中不同部分的不同关注程度，增强了模型对文本的解释能力。预训练语言模型如 BERT、稳健优化的 BERT 预训练方法（robustly optimized BERT pretraining approach，RoBERTa），利用自注意力机制捕捉词与词之间的长距离依赖关系，通过在大量未标记数据上预训练，然后在特定任务上进行微调，有效提升了模型在文本分类等自然语言处理任务上的性能。深度文本分类不断推动文本分类技术的发展，使其在各种应用场景中表现出色。相对于经典方法侧重于手工设计的特征提取和传统机器学习算法的应用，深度文本分类方法则侧重于自动特征学习和复杂的神经网络结构，以实现更高层次的语义理解和更好的分类性能。

从分类文本的粒度特点来看，文本分类任务可以分为篇章分类和句子分类。篇章分类在有些语境下也被称为文档分类。篇章分类和句子分类的基本原理类似，但是在具体的算法设计思路上存在一些差异，包括特征提取的粒度、模型复杂度和上下文信息的利用等。

在篇章分类中，算法设计通常需要考虑更长的文本内容和更复杂的上下文关系。特征提取时，可能会使用词袋模型、词嵌入等方法来捕捉整个文档的特征。学习模型如卷积神经网络、长短期记忆网络、预训练语言模型常用于篇章分类，以捕捉文本中的长距离依赖关系和全局信息。篇章分类常应用于新闻分类、主题分类、文档检索和垃圾邮件检测等问题。

句子分类则侧重于较短文本的处理，算法设计通常更关注局部特征和短距离依赖关系。特征提取时，可能会使用词嵌入、句嵌入等方法捕捉句子的特征。基于注意力机制（attention mechanism）的学习模型在句子分类中表现相对出色，因为它们能够有效捕捉句子中的语义信息和关键特征。句子分类常应用于情感分析、问答系统、意图识别和句子级别的情感分类等问题。

篇章分类与句子分类具有连续性。由于篇章是由句子组成的，因此篇章分类可以分解为多个句子分类，而句子分类的结果或者分类过程中所形成的特征向量，可以进一步用于篇章分类。在处理长文档时，可以先对每个句子进行分类或特征提取，然后将这些信息汇总，形成文档级别的特征表示或者分类得分，从而进行篇章分类。这种方法不仅提高了分类的准确性,而且能更好地利用文本的层次结构和上下文信息。

3.1.2 文本特征表示

基于词袋和 TF – IDF 权重的档案文本特征是在档案开放鉴定模型中常用的方法。词袋模型是以词作为文本内容特征的维度,从文件集合的词典中选择出来的。词袋中词的选择有多种方式,例如根据词频选择高频词,根据信息增益选择重要词,根据词性选择特定词类(如名词、动词)等。在构建词袋特征维度后,还需要为各个特征维度赋予权重。词频权重是指如果某个特征词在一份档案中出现的频数高,说明这份档案的整体语义与这个特征词关系更紧密,因此在这个特征词对应的维度上应该赋予更高的值。然而,词频权重存在一个显著缺点:有些词可能在所有档案中的词频都很高,而有些词虽然在单份文件中词频不高,但相比于其他文件,该词在该文件中的词频非常高,更能反映该文件的特征。在档案文本中,这个问题尤为突出。为了解决这个问题,通常会采用 TF – IDF 算法赋予权重。TF – IDF 算法的公式如下:

$$\text{TF} - \text{IDF}(t,d) = \text{TF}(t,d) \times \text{IDF}(t) \qquad (\text{式 2})$$

其中,TF 表示词项 t 在文档 d 中出现的频率,计算公式为:

$$\text{TF}(t,d) = \frac{\text{词项 } t \text{ 在文档 } d \text{ 中出现的次数}}{\text{文档 } d \text{ 中的总词数}} \qquad (\text{式 3})$$

IDF 表示词项 t 的逆文档频率,计算公式为:

$$\text{IDF}(t) = \log\left(\frac{N}{\text{包含词项 } t \text{ 的文档数}}\right) \qquad (\text{式 4})$$

对于中文内容,在构建词袋之前,还需要进行分词。与英文不同,英文每个单词之间以空格分隔,在计算机中可以通过空格分隔的方式划分出每一个单词。但是由于中文表达中词与词之间没有明确的分隔,需要根据语义进行分词。

在基于深度文本分类算法中,词嵌入被广泛应用于各类研究与实践中。❶ 起初,词的表达在学习算法中往往通过独热编码(one – hot encoding)来实现。这种表达方式有两个主要缺点:第一,特征矩阵非常稀疏,需要耗费巨大的计算空间;

---

❶ MIROŃCZUK M M, PROTASIEWICZ J. A recent overview of the state – of – the – art elements of text classification [J]. Expert Systems with Applications, 2018, 106: 36 – 54.

第二，词向量是两两正交的，无法表达词与词之间的关系。Word2Vec 是一种基于神经语言模型提出的稠密词向量算法。[1] Word2Vec 的构建过程本身就是一个学习过程，通过已知词来预测周围一定窗口范围内的词（skip – gram），或者通过周围的词来预测当前的词（continuous bag of word，CBOW）来生成词的向量表达。通过这种方式所产生的词向量不仅是密集的，而且向量之间是有关系的，相似的词语向量的空间距离也会更近。词向量的构建是基于词分布理论即分布假设理论的，即"上下文相似的词，其语义也相似"，类似函数求解的过程如下：

$$w_i = f(w_{t-n+1}, w_{t-n+2} \cdots w_{t-1}, w_{t+1} \cdots w_{t+n}) \qquad (式5)$$

其中，w_t 是目标词，w_{t-n+1}，$w_{t-n+2} \cdots w_{t-1}$，$w_{t+1} \cdots w_{t+n}$ 是上下文词。由于语义的复杂性决定了函数 f 非常复杂，参数非常多，因此需要用神经网络来实现。在计算过程中，每个上下文词先以独热向量表示，经过独热向量会变成低维的稠密向量，再经过一个全连接层和归一化指数（Softmax）函数计算目标词向量作为模型的输出。计算过程中形成的稠密向量，就是研究所需要的词向量。通过使用语料进行训练，模型能够学会词与上下文之间以及词与词之间的关系，所形成的词向量也就具有语义特征。用于训练的语料中包含的语义信息，决定了词向量的特征。这种基于深度学习的词向量方法，极大地提升了文本分类算法的性能，使得模型能够更好地理解和处理自然语言中的复杂语义关系。

虽然通过 Word2Vec 形成的词向量能够较好地将词级别语义映射到向量空间并参与计算和学习，但它存在一个显著的缺点：忽视了一词多义的问题。具体来说，根据 Word2Vec 算法，同一个词无论其上下文环境如何变化，其向量表达都是相同的。这意味着 Word2Vec 无法区分同一个词在不同语境中的不同含义，从而限制了其在处理复杂语义关系时的表现。为了解决 Word2Vec 忽视一词多义的问题，基于迁移学习的语言模型如 BERT 被提出。这些模型能够根据上下文环境生成词向量，即每一个词在不同的上下文中会生成不同的词向量，从而有效地处理一词多义的问题。在实践中，这些算法取得了显著的效果，显著提升了自然语言处理任务的性能。[2] 与 Word2Vec 不同，BERT 训练后的产物并不是预先生成的词向量，而是一个深度学习模型本身。在使用时，需要将文本内容以句子的形式输入模型，由模

[1] MIKOLOV T, CHEN K, CORRADO G, et al. Efficient estimation of word representations in vector space [EB/OL]. [2023 – 11 – 03]. https：//arxiv. org/abs/1301. 3781.

[2] DAI Z, YANG Z, YANG Y, et al. Transformer – xl：attentive language models beyond a fixed – length context [J]. arXiv preprint arXiv：1901. 02860, 2019.

型生成句子中每个词的词向量或整个句子的句向量。这样，每个词或句子的向量都包含了对上下文的理解。由于这一过程本质上是迁移学习的应用，因此这类模型也被称为基于迁移学习或基于预训练的语言模型。通过这种方式，BERT 能够更好地捕捉词语在不同上下文中的语义，从而解决一词多义的问题，并显著提升自然语言处理任务的性能。BERT 是基于注意力机制，通过变换器网络（transformer network）来实现的。注意力机制模仿人类在阅读和理解文本、图片时注意力集中和转移的过程，给予部分特征更高的权重。BERT 意为基于变换器的双向编码表示。其思想来源于机器翻译中基于注意力机制的变换器网络。在机器翻译中，注意力机制用于学习不同语言中词与词的映射，这种映射能力也可以用于语言模型中。得益于注意力机制，BERT 能够同时观察目标词上文和下文的信息。这种双向编码表示使得 BERT 在理解和生成自然语言时具有更强的语义理解能力。通过这种方式，BERT 不仅能捕捉词语在不同上下文中的语义，而且能更好地处理复杂的语言现象，如一词多义和长距离依赖，从而显著提升自然语言处理任务的性能。

3.1.3　开放鉴定的文本分类建模

在基于文本分类的开放鉴定模型中，开放鉴定任务被归纳为文本分类任务的一种，即根据档案内容型特征划分档案的开放类型。相对于其他文本分类任务，基于文本分类的开放鉴定模型的分类目标与鉴定结果的类型挂钩。鉴定模型的公式如下：

$$y = f(x; \theta) \tag{式6}$$

其中，y 表示档案的开放类型，x 表示档案的内容特征，θ 表示模型的参数。具体来说，f 是一个映射函数，它将输入的档案内容特征 x 映射到输出的开放类型 y。如果模型是可学习的，那么公式中 θ 表示需要通过训练数据进行学习和优化的参数。可学习模型通常采用文本分类的经典模型或深度模型的方法，通过大量标注数据进行训练，以优化参数 θ，使得模型能够准确地进行分类。如果模型是不可学习的，那么公式中 θ 表示预先设定的固定参数，不需要通过训练数据进行优化。不可学习模型通常基于规则或启发式方法，例如基于关键词匹配的规则系统或基于统计特征的简单分类器。这些模型的参数 θ 是由专家根据经验或先验知识设定的，虽然在某些特定场景下可能表现良好，但通常缺乏灵活性和适应性，难以处理复杂和多变的档案内容。

无论是学习型模型还是非学习型模型，明确模型分类的目标是至关重要的。在当前国内各级综合档案馆的实践中，开放鉴定的规则被视为智能开放鉴定的核心任务之一。例如，福建省档案馆在多年开放审核工作经验的基础上，收集整理了近600个敏感词，并与有关部门合作，设计制定了开放审核档案关键词表，建立了动态管理的敏感词词库。这些工作为引入人工智能技术进行档案开放审核奠定了坚实的规则基础。江苏省档案馆则通过建立语义知识库，将档案馆专业人员的开放鉴定知识转化为计算机可用的语义鉴定规则。这种方法不仅提高了鉴定的准确性，还使得专业知识得以系统化和标准化。江西省档案馆通过分析档案信息特征来制定开放鉴定规则。档案信息特征是指档案内容和形式中决定其开放或控制的特征，具体分为开放信息特征和敏感信息特征。通过对这些特征的深入分析，江西省档案馆能够更精准地制定开放鉴定规则，确保档案的合理开放和有效控制。

对于非学习型算法，模型会直接基于所预先设定的规则对档案的开放结果进行分类。具体来说，这类算法通常通过匹配档案内容中的敏感词来计算档案的敏感性得分。如果档案中出现的敏感词越多，敏感性得分就越高，从而影响档案的开放类型。此外，非学习型算法还可以基于预定义的规则来进行分类，如档案的创建时间、作者身份、内容主题等。这些规则通常由专家根据经验和先验知识设定，并且需要不断更新和优化以适应新的情况和需求。

对于学习型算法，则需要先对一定规模的待开放鉴定档案进行人工标注，再利用经典方法或深度学习方法学习档案内容与开放鉴定结果之间的映射关系。具体来说，要先构建一个标注数据集，其中每个档案都被标注为某种开放类型。在使用这些标注数据训练学习模型时，如第3.1.1节所述的支持向量机或深度神经网络，使模型能够自动学习档案内容特征与开放类型之间的复杂关系。训练完成后，模型可以对未标注的档案进行分类，预测其开放类型。

这两种方法各有优势和劣势。由于非学习型算法不需要大量的标注数据，因此在初期实施时成本较低。然而，这类算法的规则需要不断优化，且其准确度往往受限于规则的完备性和适用性，算法本身不具有"成长性"，难以适应复杂和多变的档案内容。学习型算法则需要全面、细致的标注数据，这在初期可能需要大量的人力和时间投入。然而，学习型算法具有"成长性"，随着标注数据的增加和模型的不断优化，其分类准确度会越来越高。此外，学习型算法能够自动适应新的档案内容特征，具有更强的灵活性和适应性，能够处理更复杂的分类任务。从国内实践来看，以学习型算法为核心的开放鉴定模型占据了较大的比例，学习型算法也是"智能"的重要体现。但是学习型算法存在可解释性弱的问题，即模型的决策过程往往是一个"黑箱"，难以直观地理解和解释其分类依据。这对于档案开放鉴定来说尤为重要，因为档案的开放与否涉及法律、隐私和安全等多个方面，所以决策过程的透明性和可解释性直接影响到用户的信任和接受度。通过引入可解释性技术，如注意力机制、可视化工具和规则提取方法，可以在一定程度上提升学习型算法的透明性，使模型的决策过程更加清晰和可理解，从而增强用户对智能开放鉴定系统的信任和依赖。可解释性对于开放鉴定模型来说尤为重要。

从模型的分类粒度来看，篇章级分类模型可以直接对一份档案进行分类，分类结果即为开放鉴定的结果。句子级分类模型则是先将档案内容拆分，然后对每个句子进行独立分类，再根据所有句子的分类结果综合判断整份档案的开放类型。这种方法可以更细粒度地分析档案内容，捕捉到篇章级模型可能忽略的细节，从而提高分类的准确性和精细度。此外，档案中所包含的元数据信息，也可以作为文本分类的特征。例如，江西省档案馆就在开放鉴定模型中引入了特定文种、特定责任者、公开属性和密级等元数据。这些元数据提供了额外的上下文信息，有助于更准确地判断档案的开放类型。例如，某些特定文种可能具有更高的敏感性，特定责任者的档案可能需要更严格的审核，公开属性和密级则直接影响档案的开放程度。

3.2 基于敏感实体的开放鉴定模型

3.2.1 敏感实体识别

敏感实体识别是指识别出档案内容中的敏感命名实体。所谓命名实体，是指具有特定意义的词或短语，如人名、地名、组织机构名、时间、日期等。敏感实体识别示例如图 3-2 所示，通过识别敏感实体，能够更细粒度地发掘和判断档案中的敏感信息。一方面使档案开放鉴定模型的判断更加准确，能够有效地识别出潜在的敏感内容，避免因简单的关键词匹配而导致的误判或漏判；另一方面能够使档案开放鉴定模型的判断更具有解释性，因为识别出的敏感实体可以直接展示给开放鉴定的业务人员，提供明确的敏感信息来源和依据。与基于敏感词规则的筛选不同的是，敏感实体识别不只依赖于预定义的敏感词列表，而是通过更复杂的自然语言处理技术来识别和理解文本中的实体及其上下文关系。这使敏感实体识别能够处理更复杂的语言结构和语义关系，提高识别的准确性和全面性。

上半年[1]，火灾[2]同比2023年[3]下降17.9%[4]，未发生有影响的火灾事故[5]。自5月20日[6]本市部署启动电动自行车[7]安全隐患全链条整治行动以来，共发生电动自行车[8]或电池[9]类火灾[10]202[11]起，无人员伤亡火灾[12]。无室内火灾[13]，同比去年[14]室内火灾[15]减少3[16]起（电动三四轮[17]车属于机动车[18]，相关火灾[19]不纳入统计范畴）。从发生区域看：朝阳区[20]59[21]起、海淀区[22]41[23]起、丰台区[24]24[25]起、昌平区[26]14[27]起、东城区[28]12[29]起，占总量的74%[30]。从发生状态看：停放[31]（含充电状态）151[32]起、行驶51[33]起。从涉及行业类型看：外卖32[34]起、快递3[35]起。

图 3 - 2　敏感实体识别示例

敏感实体识别一般分为两步，第一步是对档案内容和元数据中涉及的命名实体进行识别，其作用是从文本中提取出所有可能的命名实体。实现方式可以基于匹配的方法，如使用预定义的实体词典进行匹配；也可以基于深度学习的方法，如使用命名实体识别模型，这些模型通过训练可以自动识别出文本中的命名实体。基于匹配的方法虽然简单高效，但依赖于词典的完备性；基于深度学习的方法则具有更高的灵活性和准确性，能够识别出未在词典中的新实体。第二步是判断命名实体是否为敏感实体，这一步的功能是对识别出的命名实体进行进一步的筛选和判断，确定其是否属于敏感信息。实现方式同样可以基于匹配的方法，如将识别出的实体与敏感实体列表进行比对；也可以基于深度学习的方法，如训练一个分类模型来判断实体的敏感性。基于匹配的方法虽然简单直接，但需要维护一个准确的敏感实体列表；基于深度学习的方法则可以通过学习大量标注数据来自动判断实体的敏感性，具有更高的适应性和扩展性。

命名实体识别是自然语言处理的经典任务。效果较好的算法包括直接匹配、条件随机场（conditional random field，CRF）、双向长短期记忆网络 - 条件随机场（bidirectional long short - term memory - conditional random field，BI - LSTM - CRF），以及基于双向编码器表示的变换器—双向长短期记忆网络 - 条件随机场（bidirectional encoder representations from transformers - bidirectional long short - term memory - conditional random field，BERT - BI - LSTM - CRF）。直接匹配是非学习型算法，条件随机场、BI - LSTM - CRF、BERT - BI - LSTM - CRF 是学习型算法。

直接匹配是指通过预定义的实体词典对文本进行扫描和匹配，识别出其中的命名实体。这种方法的特点是实现简单、速度快，适用于实体词典较为完备的场景。其优势在于不需要大量的标注数据，初期实施成本较低，且易于理解和解释。然而，直接匹配的缺点是依赖于词典的完备性和准确性，难以识别出词典中未包含的新实体，且对上下文的理解能力有限。

学习型算法中，第一类算法条件随机场是一种概率图模型，用于标注和分割序列数据。条件随机场通过考虑上下文信息进行命名实体识别，其特点是能够捕捉到序列中元素之间的依赖关系。条件随机场的优势在于其灵活性和较高的准确性，能够处理复杂的序列标注任务。BI－LSTM－CRF 结合了双向长短期记忆网络（bidirectional long short－term memory，BI－LSTM）和条件随机场的优点。BI－LSTM 能够捕捉到序列中远距离的依赖关系，而条件随机场则能够进一步优化序列标注的结果。第二类算法 BI－LSTM－CRF 的特点是能够处理长距离依赖和上下文信息，其优势在于较高的识别准确率和鲁棒性。BERT－BI－LSTM－CRF 是效果较好的命名实体识别算法之一。BERT 通过预训练和微调的方式，能够捕捉到丰富的上下文信息和语义关系。结合 BI－LSTM 和条件随机场，第三类算法 BERT－BI－LSTM－CRF 能够进一步提升命名实体识别的准确性和鲁棒性。其特点是能够处理复杂的语言结构和语义关系，其优势在于极高的识别准确率和适应性。上述三类学习型算法需要大量的计算资源和标注数据，训练过程复杂且耗时。

在识别出命名实体后，还需要进一步判断实体是否为敏感实体。该过程可以归纳为对已有实体的进一步分类任务。相关算法包括敏感实体匹配法、词嵌入比对法和预训练语言模型分类法。其中，敏感实体匹配法是非学习型算法，词嵌入比对法、预训练语言模型分类法是学习型算法。敏感实体匹配法与命名实体识别方法中的"直接匹配法"类似，是指通过预定义的敏感实体列表对识别出的命名实体进行比对，判断其是否属于敏感实体。词嵌入比对法是指利用词嵌入将命名实体转换为向量表示，然后通过计算词向量之间的相似度来判断实体是否敏感。这种方法的特点是能够捕捉到词语之间的语义关系，超越了简单的字符串匹配。其优势在于能够识别出列表中未包含的敏感实体，具有更高的灵活性和适应性。然而，词嵌入比对法需要预训练的词嵌入模型，且相似度计算的准确性依赖于词嵌入的质量，在处理多义词和上下文依赖时可能存在一定的局限性。预训练语言模型分类法是指利用预训练语言模型对命名实体进行分类。具体来说，首先将命名实体及其上下文输入预训练语言模型中，获取其上下文表示，然后通过分类层进行判断。这种方法的特点是能够捕捉到丰富的上下文信息和语义关系，适用于处理复杂的语言结构。其优势在于具有极高的分类准确率和适应性，能够处理多种语言和领域的文本。预训练语言模型分类法不仅能识别出敏感实体，而且能提供更好的解释性，因为模型可以利用上下文信息做出更合理的判断。然而，这种方法需要大量的计算资源和标注数据，训练过程复杂且耗时。

敏感实体识别的不同算法各有其特点和优势，选择哪种算法应根据具体的应用场景、数据资源和计算能力来决定。非学习型算法适用于简单、词典完备的场景，学习型算法则适用于需要高准确率和处理复杂语言结构且标注数据与计算资源丰富的场景。

3.2.2　开放鉴定的敏感实体识别建模

有研究验证了通过识别敏感实体判断文本内容敏感性的效果。[1] 在档案开放鉴定的实践中，有少数综合档案馆将敏感实体识别作为档案开放鉴定模型的一部分。在实践层面，广东省珠海市档案馆在其智能开放鉴定系统中利用实体识别模型实现了人名、地名、机构名等关键信息的自动化抽取，快速检测档案形成单位或权属范围，提高个人隐私信息检测的准确性。[2]

从模型视角来看，开放鉴定的敏感实体识别模型分为两部分，第一部分是识别命名实体。根据江苏、福建、北京、浙江杭州、广东珠海等地综合档案馆的开放鉴定实践，档案开放鉴定所关注的敏感信息主要包括人物、地点、时间、机构和事件五类命名实体，即需要在档案内容与元数据中识别上述五类实体。这五类命名实体之所以是需要重点关注的实体，是因为这些实体通常涉及个人隐私、国家安全、商业秘密等敏感信息，会直接影响档案的开放性和安全性。识别命名实体部分的模型公式如下：

$$Y(y_1, y_2, \cdots, y_n) = f(X(x_1, x_2, \cdots, x_n)) \tag{式7}$$

---

[1] DIAS M, BONÉ J, FERREIRA J C, et al. Named entity recognition for sensitive data discovery in Portuguese [J]. Applied Sciences, 2020, 10 (7): 2303; CAMPANILE L, DE BIASE M S, MARRONE S, et al. Sensitive information detection adopting named entity recognition: a proposed methodology [C] //International Conference on Computational Science and Its Applications. Cham: Springer International Publishing, 2022: 377－388.

[2] 罗人芳. 档案开放鉴定系统全程管理及应用实践研究 [J]. 中国档案, 2023 (11): 54－55.

其中，$X = (x_1, x_2, \cdots, x_n)$ 表示输入的档案文本序列，$Y = (y_1, y_2, \cdots, y_n)$ 表示输出的命名实体标签序列（如人物、地点、时间、机构、事件），f 表示命名实体识别模型。具体来说，模型 f 可以采用多种算法。如果采用非学习型算法，那么该模型简化后的公式如下：

$$Y = g(X) \qquad (式 8)$$

其中，X 表示输入的档案文本序列，Y 表示输出的命名实体标签序列，g 表示非学习型算法的规则或模板函数。非学习型算法需要预定义的规则、词典或正则表达式来进行命名实体识别。

如果采用学习型算法，那么该模型则转变为一个序列标注模型。序列标注模型是指通过机器学习方法，根据输入的序列数据（如文本序列）预测对应的标签序列。常见的序列标注任务包括命名实体识别、词性标注和分词等。学习型算法通过训练数据学习特征和模式，能够更好地适应复杂和多变的文本内容，具有较高的准确性和泛化能力。学习型实体识别模型的公式如下：

$$Y = \underset{Y}{\mathrm{argmax}}(P(Y|X)) \qquad (式 9)$$

其中，$X = (x_1, x_2, \cdots, x_n)$ 表示输入的档案文本序列，$Y = (y_1, y_2, \cdots, y_n)$ 表示输出的命名实体标签序列。$P(Y|X)$ 表示给定输入序列 X 的条件下，标签序列 Y 的概率。以 BERT－BI－LSTM－CRF 模型为例，其计算过程如下：

$$H = BERT(X)$$

$$\overrightarrow{H} = LSTM_{forward}(H)$$

$$\overleftarrow{H} = LSTM_{backward}(H)$$

$$H' = [\overrightarrow{H}; \overleftarrow{H}]$$

$$Y = \underset{Y}{\mathrm{argmax}}(P(Y|H'))$$

$$P(Y|H') = \frac{\exp\left(\sum_{i=1}^{n} \psi(y_i, y_{i-1}, H')\right)}{\sum_{Y'} \exp\left(\sum_{i=1}^{n} \psi(y'_i, y'_{i-1}, H')\right)}$$

其中，X 表示输入的档案文本序列，$H = (h_1, h_2, \cdots, h_n)$ 表示通过 BERT 模型生成的上下文向量表示。BERT 模型通过多层 Transformer 编码器对输入序列进行处理，生成每个词的上下文表示。$\overrightarrow{H}$ 和 $\overleftarrow{H}$ 分别表示前向和后向长短期记忆网络生成的隐藏状态。前向长短期记忆网络处理序列的正向信息，后向长短期记忆网络处理序列的反向信息。$H' = (h'_1, h'_2, \cdots, h'_n)$ 表示通过 BI – LSTM 模型进一步处理后的序列表示。BI – LSTM 通过结合前向和后向长短期记忆网络的输出，捕捉序列中的长距离依赖关系。Y 表示通过条件随机场层进行序列标注后的命名实体标签序列。条件随机场层通过计算标签序列的条件概率，选择最可能的标签序列 Y。$\psi(y_i, y_{i-1}, H')$ 表示特征函数，衡量标签 y_i 和前一个标签 y_{i-1} 以及输入序列 H' 的得分。特征函数可以包括标签之间的转移特征和标签与输入序列之间的特征。

档案开放鉴定的敏感实体识别模型的第二部分是对识别出的实体进行判断，判断其是否为敏感实体。敏感实体的判断依据一般来源于国家法律法规、行业标准、机构内部规定以及特定的敏感词汇列表。这些依据可以帮助系统在识别出实体后，进一步判断其是否属于敏感信息。判断模型的公式如下：

$$S = h(E, C) \tag{式10}$$

其中，S 表示敏感性得分或判断结果。$E = (e_1, e_2, \cdots, e_m)$ 表示识别出的实体序列。C 表示上下文信息或其他辅助信息，如敏感词表、规则库等。h 表示敏感性判断函数，该函数可以基于规则、词典匹配或机器学习模型来实现。

3.3 基于档案关联的开放鉴定模型

3.3.1 档案关联网络

档案关联是档案学理论中的一个重要概念。它指的是每份档案记录中同一事务或活动的一部分产生的与同一集合中其他档案记录之间的关系网络。档案关联是每份单独档案的核心组成部分，因为档案只有建立与其他档案的相互关系才能获得意义。❶ 档案关联作为将一份档案与其周围档案连接的组织，在档案形成的过程中持续形成和增长，直到档案所属的集合不再扩展，即直到产生该集合的活动完成为止。档案关联源于电子档案不像传统纸质档案那样有物理排列。对于传统的、模拟的记录，它们的联系隐含在其排列中。但对于电子档案，由于数字环

---

❶ DURANTI L. The archival bond [J]. Archives and Museum Informatics, 1997, 11: 213–218.

境中的排列可以是多维的，因此档案关联必须有明确的表示。❶档案关联网络的核心思想在于将每一份档案视为一个档案关联网络的组成部分，一份档案的功能和价值等属性需通过档案关联网络进行判断。例如，在企业的项目管理档案中，一份项目计划书不仅是单独存在的文件，其与项目预算、进度报告、会议记录等其他业务类型档案密切相关。通过这些关联，档案管理者可以全面了解项目的进展情况、资源分配以及决策过程，从而更好地评估项目的成功与否。再如，在政府部门的档案管理中，一份政策文件可能与多份相关的研究报告、公众意见反馈、会议纪要等档案记录相互关联。这些关联帮助档案管理者和研究人员追溯政策制定的背景、依据和实施效果，提供了一个完整的政策形成和执行的脉络。

　　档案开放鉴定是否与档案关联网络存在关系呢？从现阶段普遍开展的档案开放鉴定业务逻辑来看，档案开放鉴定通过单份档案的内容和元数据特征判断其开放类型，如不开放、政务内网开放、社会开放等。但是当前的档案开放业务逻辑忽略了档案之间的关联，这就可能导致开放了不应该开放的档案或者没有开放应该开放的档案。例如，在某综合馆的档案开放过程中，一份未涉及个人隐私的文件被单独评估为可以开放，但实际上它与其他开放的档案记录存在紧密关联，根据这些关联信息可以拼凑出完整的个人隐私信息，导致隐私泄露。这就是一个开放了不应该开放的档案的案例。再如，一份关于某项科研项目的初步研究数据档案，由于其单独存在而被认为不具备开放价值，因此未被开放。然而，这份初步研究数据档案实际上与已经开放的研究报告和论文有着密切的关联，开放这份档案可以为其他研究人员提供更完整的研究背景和数据支持。这就是一个没有开放应该开放的档案的案例。档案开放鉴定应该对档案关联赋予足够的重视。通过档案关联网络鉴定档案开放类型如图 3 - 3 所示，通过建立和利用档案关联网络，管理者可以更全面地评估每份档案的开放价值和风险，避免因忽视档案关联而导致的错误开放或不开放。这样不仅可以提高档案开放鉴定的准确性，而且能更好地保护敏感信息，同时促进信息资源的合理利用。

---

❶　DURANTI L, MACNEIL H. The protection of the integrity of electronic records: an overview of the UBC - MAS research project [J]. Archivaria, 1996: 46 -67.

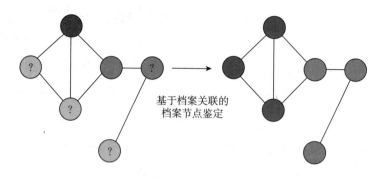

图 3 - 3　通过档案关联网络鉴定档案开放类型

从档案关联网络的构成来看，档案关联网络可以通过继承数学中图的概念来建模。一个网络由节点和边构成。在档案关联网络中，节点为档案，而边则可以按不同的思想进行设计。比如有学者利用档案的主题（topic）构建档案关联网络，以实现更好的档案编目。❶ 从档案自身的属性来看，档案关联网络关系可以按业务关联、主题关联和关联数据三种方式构建。

按业务关联构建的档案关联网络，其节点是档案，而网络中的边则是档案与档案之间的业务联系。业务联系可以通过档案在同一业务流程或项目中的相互关系来构造。比如在政府部门人事任免档案中，涉及的档案可能包括组织考察、任命文件、考核文件等。这些档案之间的关系可以通过它们在同一人事任免流程中的角色和顺序来确定。在具体构建方法上，可以结合档案元数据中的业务描述、来源机构、案卷分类等信息来识别和记录这些业务联系。在构造结果上，可以按有、无构建，即简单地表示是否存在业务联系；也可以按业务联系的强弱构建，例如通过联系的频率、重要性或依赖程度来加权边的强度。

按主题关联构建的档案关联网络，其节点是档案，而网络中的边则是档案与档案之间的主题联系。具体来说，主题联系可以通过档案内容的主题标签或关键词来构造。比如两个档案如果都涉及"防汛救灾"主题，则它们之间可以建立一条主题联系的边。在具体构建方法上，可以使用自然语言处理技术对档案内容进行主题分析，提取关键词或主题标签，然后根据这些标签来构建档案之间的主题联系。

按关联数据构建的档案关联网络，其节点是档案，而网络中的边则是档案与

❶　BELL M. From tree to network：reordering an archival catalogue［J］. Records Management Journal，2020，30（3）：379 - 394.

档案之间的关联数据。关联数据可以是档案涉及的共同的实体、共同的来源、相同的时间戳等。如果两份档案都涉及共同的事件或者来源于同一部门,则它们之间可以建立一条关联数据的边。在具体构建方法上,可以使用数据库中的引用记录、作者信息、时间戳等数据来识别和记录这些关联数据。

在一个网络中,当只有唯一类别的节点和唯一类别的边时,这个网络被称为同构网络。例如,社交网络中的好友关系网络就是一个同构网络,其中节点代表用户,边代表用户之间的好友关系。而当一个网络中出现了多种类型的节点和边时,这个网络被称为异构网络。再如,一个学术引用网络可以包含多种类型的节点(如论文、作者、机构)和多种类型的边(如引用关系、合作关系、隶属关系)。对于档案关联网络来说,异构网络能够表达更丰富的信息。以上述的三种档案关联网络的构建方式为例,在同构网络中,只能保留三种关联中的一种,例如仅保留业务关联,这样的网络只能反映档案之间的业务联系,无法同时表达主题关联和关联数据。而在异构网络中,则可以同时保留三种类型的边,即业务关联边、主题关联边和关联数据边,这样的网络能够全面反映档案之间的多种关系。但是相比于同构网络,异构网络在分析时往往需要采用更加复杂的算法。由于异构网络包含多种类型的节点和边,因此分析异构网络需要考虑不同类型节点和边的特性和相互作用。例如在档案关联网络进行子群分析时,需要同时考虑业务关联、主题关联和关联数据的影响;在进行路径分析时,需要处理不同类型边的权重和方向。这些复杂性使得异构网络的分析比同构网络更加复杂,但也更加有价值。

3.3.2　网络的学习与表示

要充分利用档案关联网络来实现档案开放鉴定,就需要相应的能够对网络结构进行分析、能够表示节点的特征且能够对节点进行分类的模型。网络的学习与表示经过多年发展,也形成了非学习型算法和学习型算法。非学习型算法如网页排名算法(PageRank)、社区发现算法(以 Louvain 算法为代表)、最短路径算法等,通过对网络结构的直接分析,能够有效地识别节点的重要性、发现网络中的社区结构以及计算节点之间的最短路径等。学习型算法则通过数据驱动的方法来学习网络结构和节点特征,包括深度随机游走(DeepWalk)、节点向量(Node2Vec)、图卷积网络(graph convolutional network,GCN)、图注意力网络(graph attention network，GAT）、图自编码器（graph autoencoder，GAE）、变分图自编码器（varia-tional graph autoencoder，VGAE）、图循环神经网络（graph recurrent neural network，GRNN）和深度图信息最大化（deep graph infomax，DGI）等。这些算法通过不同的方式生成节点的嵌入表示，捕捉网络结构和节点特征，从而实现节点分类、链接预测等任务。近年来，基于图神经网络的学习型算法发展迅速，间接地推动了档案关联网络的研究空间和应用前景。图神经网络能够通过迭代地聚合节点邻居的信息，学习到更加丰富的节点表示，从而在节点分类、链接预测等任务上表现出色。使用图卷积网络可以对档案节点进行分类，判断哪些档案应该开放，哪些不应该开放。通过结合业务关联、主题关联和关联数据，图神经网络能够综合考虑多种因素，提供更加准确的开放鉴定结果。图注意力网络还可以通过自适应地分配不同邻居节点的权重，进一步提高模型的性能。图学习算法可以更好地利用档案关联网络，实现更加智能和高效的档案开放鉴定。为了更好地理解网络的学习与表示，下面将对经典图学习模型的原理进行介绍。

DeepWalk 是一种早期的图嵌入方法，通过在图上进行随机游走生成节点序列，然后使用 Word2Vec 对这些序列进行训练，生成节点的嵌入表示。DeepWalk 能够捕捉到节点的局部结构信息，并通过随机游走的方式将图结构转化为序列数据，从而利用自然语言处理中的技术进行节点表示学习。DeepWalk 的优点在于其简单性和有效性，适用于大规模图数据的处理。

Node2Vec 是一种经典的节点表示算法，通过结合深度优先搜索（depth – first search，DFS）和广度优先搜索（breadth – first search，BFS）的随机游走策略，生成节点序列，然后使用 Word2Vec 对这些序列进行训练，生成节点的嵌入表示。Node2Vec 能够捕捉到节点的局部和全局结构信息，从而在节点分类、链接预测等任务中表现出色。Node2Vec 通过调整游走策略的参数，可以在 DFS 和 BFS 之间进行平衡，从而生成既包含局部邻居信息又包含全局结构信息的节点序列。这种灵活性使得 Node2Vec 在处理不同类型的图数据时具有很强的适应性。

GCN 是一种基于卷积操作的图神经网络，通过聚合节点邻居的信息来更新节点表示。GCN 通过层级结构逐步聚合多层邻居的信息，从而捕捉到节点的局部和全局特征。GCN 在每层中通过卷积操作将节点的特征与其邻居的特征进行线性组合，然后通过非线性激活函数进行处理。由于多层 GCN 可以捕捉到更深层次的图结构信息，因此在节点分类、图分类等任务中广泛应用。

GAT 通过引入注意力机制，自适应地分配不同邻居节点的权重，从而更精确地聚合邻居信息。GAT 能够动态调整每个邻居节点对中心节点的影响力，从而提高模型的表达能力和性能，特别适用于异构图和具有复杂关系的图结构。GAT 通过计算每个邻居节点与中心节点之间的注意力系数，然后根据这些系数对邻居节点的特征进行加权求和，从而生成新的节点表示。这种自适应的加权机制使得 GAT 能够更好地捕捉节点之间的复杂关系。

GAE 是一种无监督学习模型，通过编码器—解码器结构学习节点的嵌入表示。GAE 首先将图结构编码为低维表示，然后通过解码器重构图结构。GAE 的编码器部分通过图卷积网络将节点的特征和邻居信息编码为低维嵌入表示，而解码器部分则通过内积或其他解码函数重构节点之间的连接关系。GAE 广泛用于图的重构、链接预测等任务，能够有效地捕捉图结构中的潜在模式。

VGAE 在 GAE 的基础上引入变分推断，通过学习概率分布来生成更鲁棒的节点嵌入表示。VGAE 能够更好地处理图数据中的不确定性和噪声，适用于无监督学习任务，如图生成和链接预测。VGAE 通过变分推断方法将节点的嵌入表示视为概率分布的参数，然后通过最大化变分下界来优化模型。这种方法能够生成更加鲁棒和泛化能力更强的节点表示。

GRNN 通过结合循环神经网络的思想，能够处理动态图和时序图数据。GRNN 通过递归地更新节点表示，能够捕捉图结构的动态变化和时间依赖性，适用于时序预测和动态图分析等任务。GRNN 在每个时间步通过循环神经网络更新节点的状态，然后根据图结构和节点之间的交互信息进行传播。这种方法能够有效地捕捉图数据中的时序和依赖关系。

DGI 是一种无监督学习方法，通过最大化局部节点表示和全局图表示之间的互信息来学习节点嵌入。DGI 的核心思想是通过对比学习的方式，使得节点的嵌入表示能够捕捉到图的全局结构信息。具体来说，DGI 通过生成正样本（真实节点和图的表示）和负样本（扰动后的节点和图的表示），然后通过最大化正样本的互信息和最小化负样本的互信息来优化模型。DGI 在无监督节点表示学习任务中表现出色，能够生成高质量的节点嵌入表示。

3.3.3　开放鉴定的档案关联建模

以构建档案关联网络为基础，档案间的关联特征被用于档案开放鉴定。开放鉴定的档案关联建模重点关注的是档案之间的联系。举一个简单的例子，如果有一份待开放鉴定的档案，与其关联紧密的档案都是不能够被开放的档案，那么这份档案大概率也不可以开放，它们可能涉及同一类不适宜开放的业务、主题或者某个保密事件，反之亦然。如果有一份待开放鉴定的档案，与其关联紧密的档案部分是能够被开放的，部分是不能够被开放的，则需要通过相应的网络算法来分析当前档案更接近于不能开放的档案还是能够开放的档案。

档案关联网络本身可以为开放鉴定的鉴定规则设计提供支撑。无监督的网络子群分析就是一种典型的手段。具体来说，子群分析是通过识别网络中的社区或子群，揭示节点之间的紧密关系和结构特征。子群分析算法通过不同的方法将网络划分为若干子群，每个子群内部的节点之间联系紧密，而不同子群之间的联系相对较弱。子群分析算法的核心思想是最大化模块度，即通过比较实际网络中的边与随机网络中的期望边来识别社区结构。模块度越高，表示社区结构越明晰。

通过对档案关联网络进行无监督的子群分析，档案管理者能够发现若干个主题明确的档案子群。每个子群可能对应一个特定的业务领域或主题，例如某一时期的系列文件、某个事件的相关档案或某个部门的业务档案。档案管理者可进一步发现档案集合中所涉及的档案子群以及各个档案子群与档案开放之间的关联，从而支撑开放鉴定规则的设计。

从档案关联网络的视角来看，档案开放鉴定可以归纳为在档案关联网络中对节点，即档案，进行节点分类的任务。档案开放鉴定的档案关联模型公式如下：

$$\hat{y}_i = f(\boldsymbol{X}, \ \boldsymbol{A}) \tag{式11}$$

其中，$\hat{y}_i$ 表示第 i 个节点（档案）的预测标签（即是否开放）；$\boldsymbol{X}$ 表示节点的特征矩阵；$\boldsymbol{A}$ 表示图的邻接矩阵；f 是一个网络节点模型，用于学习节点的嵌入表示并进行分类。网络的节点分类一般采用有监督的模型。如果档案关联网络是同构的，可以采用图卷积网络、图注意力网络等模型。如果档案关联网络是异构的，可以采用异构图注意力网络、元路径引导的图神经网络等模型。以图注意力网络为例，使用图注意力网络进行档案关联网络的节点分类，实现档案开放鉴定，其公式如下：

$$\hat{y}_i = \mathrm{softmax}(\boldsymbol{W}_o \boldsymbol{h}'_i) \tag{式12}$$

$$\boldsymbol{h}'_i = \sigma\Big(\sum_{j \in N(i)} \alpha_{ij} \boldsymbol{W} \boldsymbol{h}_j\Big) \tag{式13}$$

其中，$\hat{y}_i$ 是节点 i 的预测标签分布；$\boldsymbol{W}_o$ 是输出层的权重矩阵；$\boldsymbol{h}'_i$ 是节点 i 在当

前层的嵌入表示；Softmax 函数将输出转换为概率分布；σ 是非线性激活函数，例如线性整流函数（rectified linear unit，ReLU）；$N(i)$ 表示节点 i 的邻居节点集合；α_{ij} 是节点 i 和节点 j 之间的注意力系数，表示节点 j 对节点 i 的重要性，通过训练获得；W 是可训练的权重矩阵，用于线性变换节点的特征；h_j 是节点 j 在上一层的嵌入表示。

3.4　背景知识增强

3.4.1　档案背景知识图谱

在人工智能与档案管理融合的趋势下，知识图谱正在成为文档语义化组织和管理的重要工具以及文档利用和服务的新途径。❶ 知识图谱是一种通过图模型来描述知识和建模世界万物之间的关联关系的技术方法。❷ 它源于蒂姆·伯纳斯·李（Tim Berners – Lee）所提出的语义网的概念，其认为，网页链接之间实际包含概念之间的链接，通过语义网可以以图模型的结构将客观世界中的实体进行链接，而链接本身也应该赋予语义描述。❸ 在语义网概念的基础之上，2012 年，谷歌公司通过抽取网页中包含的实体和实体关系构建了一个大型知识图谱并应用于搜索引擎。该知识图谱已经在智能搜索、自动问答、推荐系统等领域发挥了重要作用。

档案背景知识图谱是让机器获得更丰富的"智能"，并用以支撑档案开放鉴定的重要工作。档案背景知识图谱指基于文件和档案资源及其元数据构建而成的知识图谱。从文件与档案的数字化管理的角度来看，档案背景知识图谱能够将文档中的语义信息转化为结构化的图模型，既可用于文件档案的组织和管理，也可用于文档资源的挖掘和利用。而知识图谱本身具有良好的可视化效果，能在一定程度上对数据态文档离散的语义进行组织。可以说，知识图谱对于文档数据化管理

❶　杨建梁，祁天娇. 从电子文件到知识图谱：电子文件知识服务新途径 ［J］. 档案学通讯，2020（2）：12 – 21.

❷　SINGHAL A. Introducing the knowledge graph：things，not strings ［EB/OL］.（2012 – 05 – 16）［2019 – 12 – 20］. https：//www. blog. google/products/search/introducing – knowledge – graph – things – not/ .

❸　TIM BERNERS – LEE. Semantic web road map ［EB/OL］. ［2019 – 01 – 21］. https：//www. w3. org/DesignIssues/Semantic. html.

有着重要意义。尽管知识图谱对于文档数据化管理的意义重大，但是知识图谱的构建的确是一个复杂且具有挑战性的工作，其中往往包含领域（业务）专家合作、文档资源的再组织和标注、算法和工具的应用、图数据存储等过程，需要档案工作者、信息技术人员和领域（业务）专家的协同合作。档案工作者是知识图谱构建的核心，既是资源的组织和管理者，也是协调各方资源的中枢。受大数据、人工智能等技术发展的影响，知识图谱构建的方法逐渐丰富，但是不同的方法有其适合的场景和资源特征（如资源规模、标注程度等）。此外，文档资源具有较强的业务属性，包含丰富的元数据，所具有的资源特性不能与其他类型的信息资源一概而论。这就引出了一个问题，不同特性的文档资源与构建知识图谱的方法应该如何匹配，或者说如何基于资源视角来确定档案背景知识图谱构建的路径。在文档管理的数据化转型的关键时期，对该问题开展研究，有利于实现自下而上的文档数据化管理转型，有利于推动文档数据化管理深化和落地，有利于帮助档案工作者进一步认识基于语义的文档数据化管理场景。

现有对于档案背景知识图谱的研究大多在档案语义研究的基础上开展，是对档案本体和关联数据的进一步延伸和落地。档案背景知识图谱是文档数据化管理的一种方式，它不同于一般的领域知识图谱，在构建路径方面，文档的背景结构信息的知识化贯穿于知识图谱构建的各个节点；在知识服务方面，档案背景知识图谱的业务性更强，服务形态更加丰富。❶ 杨茜雅对企业数字档案的知识图谱构建和应用展开了研究，在中国联通数字档案语义本体的基础上构建了联通数字档案知识图谱，通过数字档案知识图谱实现了对档案数据的关联、检索、挖掘和可视化等。这项研究发现知识图谱为语义化的、精细化的档案管理流程提供了可能，能够有效提升对数字档案资源的利用效率和服务水平。❷ 雷洁等提出了面向科研档案管理的知识图谱系统构建方案，通过概念模型设计、知识抽取、知识融合等步骤构建了科研档案知识图谱。该研究在概念模型设计的实体定义部分主要参考了中国档案主题词表、编码档案著录（encoded archival description，EAD）等规范化词表。这项研究基于文档内容和元数据构建了包含档案数据层、知识加工层、语义关联层、智能管理层四层次功能的知识图谱系统，发现知识图谱能够实现档案、

❶ 杨建梁，祁天娇. 从电子文件到知识图谱：电子文件知识服务新途径［J］. 档案学通讯，2020（2）：12-21.
❷ 杨茜雅. 中国联通电子档案数据挖掘与智能利用的研究［J］. 档案学研究，2018（6）：105-109.

科研、人事系统及跨领域之间的资源整合，推进档案的语义化知识组织，实现档案知识增值。❶ 雷洁等在另一项有关科研档案知识图谱的研究中指出，科研档案知识图谱能够实现科研知识导航、智能搜索、知识推荐等具体应用功能。❷ 舒忠梅提出了数字人文背景下的高校档案知识图谱的构建方案，先根据学校档案馆档案资源的特性，结合档案资源的元数据信息，构建了档案的时空本体模型，再进一步根据档案时空本体通过多种技术对档案数据中心的档案数据进行了抽取，最后对知识图谱进行了可视化。该研究发现知识图谱能够实现个性化的档案利用和服务，能够有效促进档案数据资源的增值和利用。❸ 王电化等对档案知识图谱的构建方法开展了研究，指出由于档案领域具有领域性与开放性，因此可采用自上而下和自下而上相结合的构建步骤，包括档案本体建模、档案来源、知识发现、知识融合、知识存储与访问五个步骤。❹ 此外，笔者在调查过程中发现，部分企业将档案背景知识图谱作为企业内容管理的高级别实现方式，以实现智能检索、分类组织等功能，这也说明了档案背景知识图谱在实际业务场景下的重要性。

在国外有关档案背景知识图谱构建与应用的研究中，有面向档案描述信息构建知识图谱的概念模型——国际文献工作委员会之概念参考模型（international committee for documentation conceptual reference model，CIDOC－CRM），并基于该模型对葡萄牙国家档案馆的档案资源进行了知识图谱构建以支撑档案利用服务。❺ 有对基于历史公证档案及其元数据的档案背景知识图谱构建路径展开的实证研究，以实现对历史公证档案的检索和利用服务。这项研究通过构建公证本体、知识抽取、知识推理、链路预测等过程构建了公证档案知识图谱。在构建过程中，作者招募了志愿者来协助知识抽取工作。❻ 还有部分研究者的背景并非档案学领域，因

---

❶ 雷洁，赵瑞雪，李思经，等．知识图谱驱动的科研档案大数据管理系统构建研究［J］．数字图书馆论坛，2020（2）：19－27．

❷ 雷洁，李思经，赵瑞雪，等．面向科研档案管理的知识图谱构建与应用研究［J］．数字图书馆论坛，2020（5）：8－15．

❸ 舒忠梅．数字人文背景下的档案知识图谱构建研究［J］．山西档案，2020（2）：53－60．

❹ 王电化，钱涛，钱立新，等．面向档案的知识图谱构建方法研究［J］．湖北科技学院学报，2020（1）：127－130．

❺ KOCH I，FREITAS N，RIBEIRO C，et al. Knowledge graph implementation of archival descriptions through CI-DOC－CRM［C］//International Conference on Theory and Practice of Digital Libraries. Springer, Cham, 2019：99－106．

❻ ELLUL C，AZZOPARDI J，ABELA C. Notarypedia：a knowledge graph of historical notarial manuscripts［C］//OTM Confederated International Conferences "On the Move to Meaningful Internet Systems". Springer, Cham, 2019：626－645．

此在这部分研究中鲜有强调资源的文件或档案属性，而是将文件与档案视为一种文本信息资源。在这些研究中，基于医疗健康档案构建和应用知识图谱的研究比较丰富，如通过医学领域词典、电子病历、网络医学资源构建了医疗健康档案知识图谱，并利用所构建的档案背景知识图谱对医疗健康档案实现了关键词提取、相似度度量和分类等基础性任务。该研究发现，档案背景知识图谱能够有效提升上述任务的效果，对于医疗健康档案的处理有着重要意义。❶ 例如，通过医疗知识图谱来预测和识别电子病历中可能出现的药物不良反应，❷ 以及一种对电子病例中医疗概念的抽取方法的研究，并基于数十万份电子病历构建了医疗知识图谱，经检验其知识图谱具有较高的质量，其方法具有可行性。❸

现有的部分档案背景知识图谱构建与应用研究继承和深化了档案语义、档案本体和关联数据的研究成果，不少实践性的研究基于其资源特性提出了档案背景知识图谱的构建步骤，并展示了知识图谱在知识发现、智能检索、可视化等方面的强大能力。但是，通过比较雷洁、舒忠梅等人的研究，笔者发现知识图谱的构建路径受到资源状态的影响。例如，科研档案概念比较复杂，规模较大，雷洁等人的研究在构建科研知识图谱时主要采用自上而下的构建思路，首先构建对本体的定义，然后采用了基于规则的方法进行知识抽取以构建图谱；高校学生档案的结构化程度相对较高，舒忠梅在构建高校档案知识图谱时同样采用自上而下的思路，但是在知识抽取时利用了档案数据库中的结构化数据；医疗健康档案的相关资源规模非常大，与药物使用相关的概念相对较少（主要包括疾病、症状、药物），因此研究人员在构建医疗健康档案知识图谱时，则更多地采用自下而上的思路，在定义基本概念后，通过问答系统对相关实体和关系进行抽取。可以看出，在档案背景知识图谱的构建上，文档资源的差异会影响知识图谱的构建路径，而现有研究和实践在构建知识图谱时缺少对资源状态的分析，缺乏资源视角下对知识图谱构建路径的整体考量。在构建档案背景知识图谱时，档案工作者应该对文档资源进行合理评估，一方面能够帮助档案工作者确定档案背景知识图谱的构建

❶ WANG X, WANG R, BAO Z, et al. Effective medical archives processing using knowledge graphs ［C］//Proceedings of the 42nd International ACM SIGIR Conference on Research and Development in Information Retrieval. 2019: 1141 – 1144.

❷ BEAN D M, WU H, IQBAL E, et al. Author correction: knowledge graph prediction of unknown adverse drug reactions and validation in electronic health records ［J］. Scientific Reports, 2018, 8 (1): 4284.

❸ ROTMENSCH M, HALPERN Y, TLIMAT A, et al. Learning a health knowledge graph from electronic medical records ［J］. Scientific Reports, 2017, 7 (1): 1 – 11.

路径并制定档案背景知识图谱构建和应用的顶层规划，另一方面能够帮助档案工作者完善对文档资源状态的认知，为文档数据化管理提供基础。

知识抽取是档案背景知识图谱构建的基础工作，是将非结构化的文档转变为结构化的知识图结构的必要过程。知识抽取主要是对档案内容与元数据中的命名实体和实体关系的抽取。命名实体是指档案中出现的特定机构名称、人物名称、地点名称、政策、事件等。所谓实体关系，是指命名实体之间的关系，比如人物与机构的隶属关系、机构与地点位置关系等。这些信息是档案中具有代表性的、能够表示文档核心内容的信息，具有较高的知识性和分析潜力。

档案背景知识图谱包含资源图谱层和内容图谱层两个层次。资源图谱层的主要实体包括档案实体和背景实体。档案实体即档案所形成的实体，背景实体是指档案的背景信息中所包括的实体，这些信息一般存在于元数据中。背景实体可以同时存在于资源图谱层和内容图谱层，在内容图谱层以知识实体出现。内容图谱与一般的知识图谱结构一致，包含各类实体与关系。资源图谱与内容图谱通过文档中的语句实体进行关联。语句实体的作用是提供文档—语句关联、语句—语句关联和语句—实体关联三种关系，用以对文档资源实体与内容中的知识实体进行关联。

由于"实体—实体"和"资源—实体"关联网络的构建对数据处理的效率和实施主体的能力有较高的要求，"实体—实体"和"资源—实体"关联网络的构建往往是人与机器合作完成的。领域本体构建是文档知识图谱构建的基础性工作，是定义概念及其关系的过程。这个过程需要由领域专家和信息资源管理专家联合开展，所采用的关键方法包括概念术语分析、本体构建等。机器基本不参与领域本体构建的相关决策。现阶段已经有研究开展了基于文档资源的知识图谱构建[1]，如面向科研档案管理的知识图谱系统构建方案[2]、面向公共危机事件的知识图谱[3]和中国历代存世典籍知识图谱[4]等。

[1] ELLUL C, AZZOPARDI J, ABELA C. Notarypedia: a knowledge graph of historical notarial manuscripts [C] //OTM Confederated International Conferences "On the Move to Meaningful Internet Systems". Rhodes, Greece, 2019: 626 –645.

[2] 雷洁, 赵瑞雪, 李思经, 等. 知识图谱驱动的科研档案大数据管理系统构建研究 [J]. 数字图书馆论坛, 2020 (2): 19 –27.

[3] 申云凤, 王英杰. 基于网络新闻语料的公共危机事件知识图谱构建 [J]. 情报科学, 2021 (1): 72 – 80.

[4] 欧阳剑, 梁珠芳, 任树怀. 大规模中国历代存世典籍知识图谱构建研究 [J]. 图书情报工作, 2021 (5): 126 –135.

3.4.2 档案背景知识表示

档案背景知识表示是将知识图谱与深度学习相结合，为档案背景知识挖掘、服务提供智能化应用的基础，也是知识增强的人工智能系统的核心工作。知识图谱是由多个<实体，关系，实体>的三元组构成的图结构知识。人可以理解知识图谱中实体及实体之间的关系，机器可以以节点和边的形式存储知识。但是机器并不能直接"理解"知识图谱中的实体和关系。就像对于文本信息，机器可以以字符串的形式存储，但是不能理解文本内容的含义，需要通过如特征词、词向量等方式将文本映射到机器可以理解的向量空间中，从而进行深度学习。知识图谱同样需要算法进行表达，将实体和关系转化成向量空间中的向量，并且该向量还具有表达知识的能力。这个过程被称为知识图谱的表示学习或知识图谱嵌入。

为了能够将知识实体进行关联，资源描述框架（resource description framework，RDF）应运而生，并成为语义网的基础描述语言。RDF 是一种使用可扩展标记语言（extensible markup language，XML）语法来表示数据的模型，其诞生之初用以描述资源及资源与资源之间的关系。RDF 通过方案（schema）对其内容进行约束。RDF 方案中规定了 RDF 中的实体类型、实体属性、关系类型、关系属性、实体与关系的描述信息等。RDF 的基础方案包括资源、属性和陈述三类。资源泛指用RDF 所描述的各种对象，它可以指代一个实体，也可以是一个网页。在档案背景知识图谱中，它往往指代某一种实体或档案。属性既可以指资源的特定特征，也可以是关系。属性包括项和值两部分内容。当特征指代实体关系时，属性的项表示关系，属性的值往往是另一个实体。在档案背景知识图谱中，属性主要是指实体与实体、实体与档案、档案与档案之间的关系。陈述则是资源、属性和属性值的组合，也就是上文中提到的三元组。RDF 的表示模式可以让机器对资源进行关联，并支撑如关联数据、语义检索等更加高级的应用。但是，如果要让机器能够对知识实体和关系进行数量化的计算和分析，并支撑基于深度学习的智能应用，还需要让知识实体和关系能够像词向量那样可以被机器直接计算。基于 Trans 模型的表示方法和基于图神经网络的表示方法就是这样一种方式。

机器并不能直接"理解"RDF 中描述的实体和关系。要让机器能够理解、分析和计算知识图谱中的实体和关系，就需要将实体和关系转化成向量空间中的向量。知识图谱的表示学习是将知识图谱表示为机器可理解的向量的过程。在知识图谱表示学习的研究中，比较具有代表性的研究是基于平移距离的 Trans 系列算法。Trans 系列算法始于研究人员基于 Word2Vec 模型中词向量平移不变性提出的 TransE 算法。[1] TransE 算法公式如下：

$$f(\boldsymbol{a}, \boldsymbol{b})_d = -\|\boldsymbol{a} + \boldsymbol{d} - \boldsymbol{b}\|_{1/2} \qquad (式14)$$

在学习过程中，TransE 算法的目标是让函数 $f(\boldsymbol{a}, \boldsymbol{b})_d$ 的值最大。$f(\boldsymbol{a}, \boldsymbol{b})_d$ 的值越大，则意味着向量 $\boldsymbol{a}$、$\boldsymbol{d}$ 和 $\boldsymbol{b}$ 越趋近于 $\boldsymbol{a} + \boldsymbol{d} \approx \boldsymbol{b}$ 的关系。ManifoldE[2] 是在 TransE 算法的基础上加入流形参数来放宽约束的算法，其学习得分公式如下：

$$M(\boldsymbol{a}, \boldsymbol{b})_d = -(\|\boldsymbol{a} + \boldsymbol{d} - \boldsymbol{b}\|_2^2 - D_d^2)^2 \qquad (式15)$$

其中，与 TransE 算法相同，$\boldsymbol{a}$ 表示实体 A 对应的向量，$\boldsymbol{b}$ 表示实体 B 对应的向量；$\boldsymbol{d}$ 是向量的平移，表示实体 A 与实体 B 之间的关系。相比于 TransE 算法的学习目标是 $\boldsymbol{a} + \boldsymbol{d} \approx \boldsymbol{b}$，ManifoldE 算法将学习目标放宽至 $\|\boldsymbol{a} + \boldsymbol{d} - \boldsymbol{b}\|_2^2 \approx D_d^2$，即对于一种关系 $\boldsymbol{d}$，确保 $\boldsymbol{b}$ 在一个以 $\boldsymbol{a} + \boldsymbol{d}$ 为球心的半径 D 为超球面内，而不是严格等于 $\boldsymbol{a} + \boldsymbol{d}$。

深度学习的表示学习部分在提取数据特征上取得了巨大的成功，如 Word2Vec、BERT 等模型深刻影响了自然语言处理的进程。对于知识图谱中知识的表示，图神经网络的出现允许知识图谱这样一种图结构的数据基于实体关系、图谱结构等信息进行表示学习，从而获得特征表示能力更强的知识实体向量。

图神经网络是专门用于对图结构数据进行分析和预测的神经网络。在知识表示方面，传统的知识表示只能利用有限的与之相关的实体信息来形成低维稠密的向量表示，而利用图神经网络，图谱中的每个实体都可以利用更加丰富的实体节点信息进行表示学习，从而获得更加完整的实体和关系表示。知识图谱是一种典型的异构图，以知识实体作为节点意味着节点的类型和节点关系十分多样。要采用图神经网络对知识图谱进行表示能力更加强的表示学习，就需要对图神经网络的结构和模式进行调整。其中，比较有代表性的是关系图卷积神经网络（relationship – graph convolutional neural network，R – GCNN）。关系图卷积神经网络将图卷积神经网络（graph convolutional neural network，GCNN）用于知识图谱的表示学习。关系图卷积神经网络是一种编码解码器结构，在编码器端对不同的关系采用

[1] BORDES A，USUNIER N，GARCIA – DURAN A，et al. Translating embeddings for modeling multi – relational data ［C］//Advances in neural information processing systems. 2013：2787 – 2795.

[2] XIAO H，HUANG M，ZHU X. From one point to a manifold：knowledge graph embedding for precise link predic- tion ［EB/OL］. ［2023 – 11 – 03］. https：//arxiv. org/abs/1512. 04792.

不同的权值矩阵进行 GCN 的更新得到图谱中各个节点的向量表示，在解码器端通过 DistMult 对三元组进行打分，模型采用负采样加交叉熵的方法训练。❶ 关系图卷积神经网络把每个节点所涉及的各类关系所构成的关系矩阵加入节点中并迭代更新，这种设计能够更好地处理异构数据。关系卷积神经网络提供了一种基于编码解码器的表示学习思路。在此基础上，有学者提出了加权图卷积网络模型。在该模型的设计理念中，知识图谱是由多组单个关系的子图构成的，每个子图可以共享相同的卷积操作。由于实体和关系存在类型的差异，因此在局部聚合时，通过不同的权重为关系赋权，从而实现对子图的加权。❷ 这种方式进一步应对了异构图对表示学习带来的影响，在实验中取得了更好的效果。

基于 RDF 三元组表示模式是知识表示的基本方式，主要用于对资源，尤其是不同来源的资源进行关联，实现关联数据、语义检索等高级应用。基于 Trans 模型的表示方法和基于图神经网络的表示方法面向的是机器的理解和计算，用以支撑智能化应用和深度学习。一般来说，基于图神经网络的表示方法对于知识的表示能力要优于基于 Trans 模型的表示方法，在知识推理、链路预测、问答系统等应用中能够取得更好的效果。但是基于图神经网络的表示方法往往要耗费更多的计算资源和训练资源，也要花费更多的时间。面对具体应用场景时，需要综合考虑这两类方法的应用效果和资源耗费。

3.5 开放鉴定模型效果的评价

3.5.1 分类模型效果评估

无论是学习型模型还是非学习型模型，都是在测试数据集上对模型的效果测试。在测试数据集上评估模型效果时，常用的评价指标可以分为两类：回归算法

❶ SCHLICHTKRULL M，KIPF T N，BLOEM P，et al. Modeling relational data with graph convolutional networks［C］//European semantic web conference. Springer，Cham，2018：593－607.
❷ SHANG C，TANG Y，HUANG J，et al. End－to－end structure－aware convolutional networks for knowledge base completion［C］//Proceedings of the AAAI Conference on Artificial Intelligence. 2019，33（01）：3060－3067.

和分类算法。对于回归算法，常见的评价指标有均方误差（mean – square error，MSE）、均方根误差（root mean squared error，RMSE）和平均绝对误差（mean absolute error，MAE）。对于分类算法，常用的评价指标包括准确率（accuracy）、精准度（precision）、召回率（recall）和 F1 得分（F1 score）。

准确率是一个易于理解的指标，其计算方法是预测正确的样本数除以总样本数。例如，如果测试集中有 1000 个样本，模型正确预测了 800 个样本，则准确率为 80%。然而，准确率有其局限性，无法反映模型在各个类别上的分类表现。例如，如果 1000 个样本中有 800 个属于类别 A，200 个属于类别 B，而模型将所有样本都预测为类别 A，准确率仍为 80%。因此，准确率通常需要与其他指标结合使用。为了更全面地评估分类算法的效果，可以使用精准度、召回率和 F1 得分。在介绍这些指标之前，需要了解四个基本概念：真阳性（true positive，TP）、假阳性（false positive，FP）、假阴性（false negative，FN）和真阴性（true negative，TN）。在二分类问题中，TP 表示预测为正类且真实为正类的样本数，FP 表示预测为正类但真实为负类的样本数，FN 表示预测为负类但真实为正类的样本数，TN 表示预测为负类且真实为负类的样本数。在多分类问题中，每个类别都可以视为一个二分类问题来计算这些指标。基于这些概念，可以构建描述算法分类效果的混淆矩阵（confusion matrix）。二分类混淆矩阵如表 3 – 1 所示。

表 3 – 1　二分类混淆矩阵

混淆矩阵		预测值		
		正类	负类	合计
真实值	正类	TP	FN	真实值正类数量
	负类	FP	TN	真实值负类数量
	合计	预测值正类数量	预测值负类数量	样本总数

基于二分类混淆矩阵，可以延伸出三个评价分类模型效果的具体指标，分别是精准度、召回率和 F1 得分。精准度计算公式如下：

$$Precision_c = \frac{TP_c}{TP_c + FP_c}$$

（式 16）

召回率计算公式如下：

$$Recall_c = \frac{TP_c}{TP_c + FN_c}$$

（式 17）

F1 得分计算公式如下：

$$F1_c = \frac{2 \times (Recall_c \times Precision_c)}{Recall_c + Precision_c}$$

（式 18）

其中，$Precision_c$ 表示分类模型在类别 c 上的精准度，等于模型在类别 c 上的真阳性值比预测值为 c 类的总数。$Recall_c$ 表示分类模型在类别 c 上的召回率，等于模型在类别 c 上的真阳性值比真实值为 c 类的总数。而 $F1_c$ 是模型在类别 c 上的 F1 得分，通过精准度和召回率计算得出。从以上公式可以看出，精准度侧重于描述模型对某类型预测结果的准确度，而召回率侧重于描述模型对某类型真实值的预测准确度。精准度和召回率相互制约，而 F1 得分能够全面衡量模型在某类型预测的表现。精准度、召回率和 F1 得分为分类模型提供了更客观、细致的评价方法，被广泛用于各类分类模型的效果评测中。

开放鉴定的学习算法属于单标签多分类模型，即每份文件只属于一种开放类别（单标签），但存在多种保管期限类别（多分类）。因此，本节将主要采用精准度、召回率和 F1 得分作为模型的评价指标。

3.5.2　开放鉴定模型评估

在档案馆开展智能开放鉴定工作时，往往会选择不同的模型进行尝试，并选取最合适本馆场景的智能开放鉴定模型。这就涉及开放鉴定效果评估的工作。不同于分类模型的评估，开放鉴定的效果评估需要评估模型在开放鉴定任务中的整体表现，评估内容不仅限于鉴定的效果，还需要考虑模型是否能够满足业务场景需求。结合国内外研究和实践进展，笔者认为开放鉴定的效果评估可以分为效果评估、性能评估、安全性评估、合规性评估 4 类。这 4 类评估共同构成了开放鉴定效果的评估体系。这 4 类评估的结果可以标准化为 0～100 的得分来综合评判和对比不同模型的效果。

效果评估重点评估开放鉴定模型在实际开放鉴定任务中的准确性和有效性，即是否能够准确地识别出不同开放范围的档案。效果评估是开放鉴定评估的核心工作，因为它直接关系到档案开放鉴定的准确性和可靠性，确保模型能够正确区分哪些档案可以开放，哪些需要保密。其评估方式等同于上述档案分类模型的评估。评价指标包括按鉴定类型的准确率、精准度、召回率和 F1 得分。

性能评估重点评估开放鉴定模型在训练和运行阶段的效率和资源消耗情况。

评估性能是必要的，因为在实际应用中，模型需要在有限周期内处理大量档案，而档案馆的计算资源往往是有限的。评估指标包括但不限于处理时间、计算资源消耗、可扩展性。其中，处理时间是指模型从输入档案到输出开放鉴定结果所需的时间。计算资源消耗是指模型在运行过程中所使用的图形处理器（GPU）、内存和存储等资源的数量。可扩展性是指模型在处理大规模档案数据时的性能表现，确保模型能够适应数据量的增长。一个高效的模型应能够在短时间内处理大量档案，并且在增加数据量时仍能保持较高的处理速度和较低的资源消耗。

安全性评估重点评估模型在开放鉴定过程中对敏感信息的保护能力。档案中可能包含敏感信息，模型必须确保这些信息不会在模型设计、训练和使用过程中泄露，包括具备对有针对性的模型攻击的防御能力。评估指标包括但不限于信息泄露指数、隐私保护指数和安全漏洞指数。具体来说，信息泄露指数评估模型在开放鉴定过程中是否存在泄露敏感信息的风险。隐私保护指数评估模型整体是否采用了有效的隐私保护技术，如数据脱敏、加密等。安全漏洞指数评估模型是否存在安全漏洞，可能被恶意利用导致信息泄露或篡改。

合规性评估重点评估模型的开放鉴定结果是否能提供充分的法规或制度依据。档案开放必须符合相关法律法规和政策要求，确保档案开放过程的合法合规性。评估指标包括规则依据充分指数、标准法规充分指数和审计追踪能力指数。其中，规则依据充分指数是指模型的开放鉴定结果是否基于明确的规则和标准。标准法规充分指数评估模型的开放鉴定过程和结果是否符合国家和地区的法律法规要求。审计追踪能力指数是指模型是否提供了完整的审计追踪记录，便于事后审查和责任追溯。

3.6　智能开放鉴定模型的实证研究

3.6.1　基于文本分类的实证研究

（1）数据集构建

在本书中，笔者构建了一个包含 8000 多份档案的开放鉴定数据集。这些档案数据由某市档案馆和相关依托单位提供，并经过档案开放鉴定专家委员会的严格鉴定。为了保护数据的安全性和隐私性，笔者对所有档案进行了脱敏处理，使其适合作为智能开放鉴定模型的训练数据。这些待开放鉴定的档案主要涉及个人隐私和工作秘密，涵盖了131个敏感实体。为了更好地分类和管理档案的开放程度，笔者将开放鉴定的类别划分为4类：不予开放、政务内网开放、经申请政务内网开放、社会开放。具体数量分布为：不予开放5034份、政务内网开放649份、经申请政务内网开放974份、社会开放1463份。

在数据处理过程中，笔者采用了Paddle – OCR技术对数字化档案进行OCR，以确保文本数据的准确性。为了进一步提高识别结果的可靠性，笔者实施了双人交叉验证机制，即由两名独立的审核人员对OCR结果进行核对和确认，确保识别内容的正确性和一致性。

数据集的构建还包括将数据集划分为训练集和测试集，比例为8∶2，以确保模型的训练和评估具有代表性和科学性。此外，笔者采用了五折交叉验证的方法，以提高模型的泛化能力和稳定性。通过这种方式，笔者能够更全面地评估模型在不同数据子集上的表现，确保其在实际应用中的可靠性和有效性。

（2）模型选取

在本书中，笔者选择了5种经典的文本分类模型：SVM + TF – IDF、SVM + Word2Vec、BI – LSTM + Word2Vec、RoBERTa、RoBERTa – Large。这些模型各具代表性，涵盖了传统机器学习方法、深度学习方法以及预训练语言模型，能够全面评估不同技术在档案开放鉴定任务中的表现。

SVM + TF – IDF：支持向量机是一种常用的监督学习模型，擅长处理高维数据和文本分类任务。词频 – 逆文档频率是一种统计方法，用于评估一个词在文档集合中的重要性。在该方法中，笔者使用TF – IDF选取权重前50%的词作为特征词，构建特征向量，利用SVM进行分类。这种方法简单高效，适合处理线性可分的数据。

SVM + Word2Vec：在此方法中，笔者同样使用SVM作为分类器，但特征构建方式不同。笔者采用高TF – IDF权重（权重前50%）的特征词的Word2Vec加权平均值作为输入特征。Word2Vec是一种将词语映射到向量空间的技术，能够捕捉词语之间的语义关系。笔者使用百度公司公开的预训练Word2Vec权重，维度为128，以增强模型的语义理解能力。

BI－LSTM＋Word2Vec：双向长短期记忆网络是一种能够捕捉序列数据中长距离依赖关系的深度学习模型。在该方法中，笔者结合 BI－LSTM 和预训练的 Word2Vec 向量，利用其在处理序列数据上的优势，提升模型对文本上下文的理解能力。Word2Vec 同样采用百度公司公开的预训练权重。

RoBERTa：RoBERTa 是一种基于 Transformer 架构的预训练语言模型，经过大规模语料库的训练，具备强大的语言理解能力。RoBERTa 通过掩码语言模型任务进行预训练，能够有效捕捉文本中的复杂语义关系。在本书中，笔者使用 RoBERTa 模型进行文本分类，以充分利用其在自然语言处理任务中的优越性能。

RoBERTa－Large：RoBERTa－Large 是 RoBERTa 模型的增强版本，具有更多的参数和更深的网络结构，能够捕捉更复杂的语义信息。通过使用更大的模型容量，RoBERTa－Large 在许多自然语言处理任务中表现出色。在本书中，笔者使用 RoBERTa－Large 以进一步提升分类精度，特别是在处理复杂文本时展现出更强的能力。

通过对这五种模型的使用和比较，笔者全面评估各类具有代表性的人工智能技术在档案开放鉴定任务中的适用性和效果，为后续的模型优化和选择提供重要参考。

（3）实验结果与分析

如表 3－2 所示，从实验结果可以看出，随着模型复杂度的增加，文本分类的性能指标普遍提升。首先，SVM＋Word2Vec 在所有指标上均优于 SVM＋TF－IDF，这表明 Word2Vec 在捕捉词语语义关系方面的优势，使得模型能够更好地理解文本内容，从而提高分类性能。相比之下，SVM＋TF－IDF 由于仅依赖词频信息，未能充分利用词语之间的语义关系，因此在精度和召回率上表现较弱。

表 3－2　基于文本分类的实证结果

模型	精确率	召回率	F1 分数	准确率
SVM＋TF－IDF	0.605	0.7085	0.635	0.707
SVM＋Word2Vec	0.6691	0.7693	0.7034	0.7717
BI－LSTM＋Word2Vec	0.7015	0.7976	0.7372	0.801
RoBERTa	0.72	0.8064	0.7528	0.8172
RoBERTa－Large	0.7344	0.8284	0.7707	0.8272

BI－LSTM＋Word2Vec 进一步提升了分类性能，特别是在 F1 分数和准确率上

表现突出。这得益于 BI – LSTM 能够捕捉文本序列中的长距离依赖关系，增强了对上下文的理解能力，使得模型在处理复杂文本时更具优势。与传统的 SVM 模型相比，BI – LSTM 通过其深度学习架构，能够更好地适应数据的非线性特征。

RoBERTa 和 RoBERTa – Large 模型在所有指标上均表现优异，尤其是 RoBERTa – Large，其在精确率、召回率、F1 分数和准确率上均达到最高。这说明预训练语言模型在处理复杂文本分类任务时具有显著优势。RoBERTa – Large 由于其更大的模型容量，因此能够捕捉更复杂的语义信息，从而提升分类效果。总体来看，深度学习模型（BI – LSTM + Word2Vec、RoBERTa、RoBERTa – Large）在文本分类任务中表现优于传统机器学习模型（SVM + TF – IDF、SVM + Word2Vec），这表明在处理涉及复杂语义和上下文的档案开放鉴定任务时，深度学习模型能够提供更高的准确性和可靠性。

综上所述，Roberta – Large 模型在该实验中表现最佳，建议在实际应用中优先考虑使用该模型进行档案开放鉴定，以获得更高的分类精度和稳定性。通过采用更先进的深度学习技术，笔者能够更有效地应对档案开放鉴定中的复杂性和多样性挑战。

3.6.2　敏感实体识别的实证研究

（1）数据集构建

在本书中，笔者构建了一个专门用于敏感实体识别的数据集，包含 2200 份标注文档，共计 11784 个敏感实体。这些敏感实体包括 6310 项个人隐私信息实体、3618 项商业秘密类实体，其余为涉及国家秘密的实体。这些文档来源于各种公共记录，并经过数据隐私和安全领域专家小组的严格审查。为了有效分类和管理敏感实体，笔者将其分为三类：个人信息、商业秘密和国家秘密。

在数据处理阶段，笔者采用专家标注的方式，通过建立开放鉴定委员会，组织相关领域的专家对敏感实体进行标注。这一过程确保了标注的准确性和一致性，为后续的模型训练提供了高质量的数据支持。数据集还被进一步划分为训练集和测试集，比例为 8∶2，以确保模型训练和评估的代表性和科学性。此外，笔者采用了五折交叉验证的方法，以提高模型的泛化能力和稳定性。这种方法使笔者能够全面评估模型在不同数据子集上的表现，确保其在实际应用中的可靠性和有效性。

（2）模型选取

在本书中，笔者选择了 4 种主要的敏感实体识别模型，包括条件随机场、双向长短期记忆网络 – 条件随机场（BI – LSTM – CRF）、RoBERTa – 条件随机场（RoBERTa – CRF）和 RoBERTa – 双向长短期记忆网络 – 条件随机场（RoBERTa – BI – LSTM – CRF）。这些模型代表了多种方法，包括传统机器学习技术和先进的深度学习方法，以期全面评估它们在敏感实体识别任务中的表现。

条件随机场（CRF）：CRF 是一种常用的统计建模方法，适用于结构化预测，特别是在序列标注任务中表现出色。在该方法中，笔者利用 CRF 建模相邻标签之间的关系，通过考虑文档中每个实体的上下文，提高敏感实体识别的准确性。

BI – LSTM – CRF：双向长短期记忆网络（BI – LSTM）能够捕捉序列数据中的长距离依赖关系。通过将 BI – LSTM 与 CRF 结合，笔者利用了两者的优势，提升了模型对上下文的理解能力，从而提高了实体识别的准确性。该混合模型有效捕捉文本的序列特性，同时保持对标签依赖关系的建模能力。

RoBERTa – CRF：RoBERTa 是一种基于 Transformer 架构的预训练语言模型，经过大规模语料库的训练，具备强大的语言理解能力。将 RoBERTa 与 CRF 结合，笔者能够利用 RoBERTa 的上下文理解能力和 CRF 的序列标注优势，进一步提升敏感实体识别的效果。

RoBERTa – BI – LSTM – CRF：该模型结合了 RoBERTa、BI – LSTM 和 CRF 的优点，能够在捕捉文本上下文的同时，建模标签之间的依赖关系。通过这种综合方法，笔者期望在复杂文本中实现更高的敏感实体识别准确率。

通过对这 4 种模型的应用和比较，笔者旨在全面评估各种具有代表性的人工智能技术在敏感实体识别任务中的适用性和效果，为后续的模型优化和选择提供重要参考。

（3）实验结果与分析

在本书中，笔者对 4 种敏感实体识别模型的性能进行了评估，结果如图 3 – 4 所示。实验结果显示，随着模型的复杂性和深度的增加，性能指标也显著提升。条件随机场模型的精确率为 0.5872，召回率为 0.6219，F1 分数为 0.5917，准确率为 0.6207。尽管条件随机场在序列标注任务中表现良好，但由于其对上下文信息的捕捉能力有限，导致其整体性能相对较低。引入双向长短期记忆网络－条件随机场后，模型的精确率提升至 0.6967，召回率为 0.7361，F1 分数为 0.7083，准确率为 0.7370。BI－LSTM 的加入使得模型能够更好地捕捉长距离依赖关系，从而提高了对上下文的理解能力，进而提升了敏感实体的识别效果。

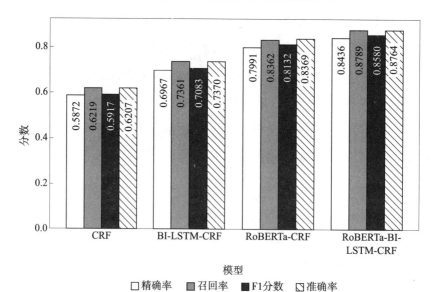

图 3 - 4　敏感实体识别的实证结果

进一步采用 RoBERTa—条件随机场（RoBERTa－CRF）模型时，精确率达到了 0.7991，召回率为 0.8362，F1 分数为 0.8132，准确率为 0.8369。RoBERTa 作为一种强大的预训练语言模型，能够有效捕捉文本中的复杂语义关系，显著提高了模型的性能。在所有模型中，RoBERTa—双向长短期记忆网络—条件随机场（RoBERTa－BI－LSTM－CRF）模型的表现最佳，精确率达到 0.8436，召回率为 0.8789，F1 分数为 0.8580，准确率为 0.8764。通过结合 RoBERTa 的上下文理解能力和 BI－LSTM 的序列建模能力，该模型在复杂文本的敏感实体识别任务中展现出卓越的性能。

综上所述，实验结果表明，结合深度学习技术的模型在敏感实体识别任务中具有显著优势，尤其是 RoBERTa－BI－LSTM－CRF 模型，凭借其强大的特征提取和上下文理解能力，能够有效提升敏感实体的识别准确性。这为后续的模型优化和实际应用提供了重要的参考依据。

3.6.3　基于档案关联的实证研究

（1）档案关联网络构建

在本书中，笔者利用第 3.6.1 节中构建的 8000 份档案数据集，进一步构建了一个档案关联网络。该网络通过关键词共现技术构建为异构图，图的节点包括关键词节点、档案节点和发文机构节点。关键词的提取采用了无监督且泛化性强的 KeyBERT 模型，从每份档案中获取排名前十位的关键词。这种方法确保了关键词的高质量和相关性。

在构建网络的过程中，笔者定义了多种类型的边：关键词—档案边、档案—发文机构边、档案—档案边以及关键词—关键词边。具体来说，档案—档案边是基于档案内关键词集合之间的 Jaccard 系数构建的，系数阈值设定为 50%，即当两个档案的关键词集合相似度超过 50% 时，建立连接。关键词—关键词边则根据关键词在句子中的共现情况进行连接。因此，所构建的档案关联网络中包含 24822 个关键词节点、8000 个档案节点和 167 个发文机构节点。这种网络结构不仅能够揭示档案之间的潜在关联，而且能为后续的分析和模型应用提供丰富的语义信息。

（2）模型选取

在档案关联网络的分析中，笔者选择了 4 种图神经网络模型：节点向量 + 多层感知机（Node2Vec + Multi – Layer Perceptron，Node2Vec + MLP）、图采样与聚合模型（Graph Sample and Aggregation，GraphSAGE）、图注意力网络（Graph Attention Network，GAT）和关系图卷积网络（Relational Graph Convolutional Network，RGCN）。这 4 种模型是具有代表性的网络分析的模型。

Node2Vec + MLP：Node2Vec 是一种用于节点嵌入的算法，通过随机游走生成节点序列，并使用 Skip – Gram 模型进行训练，生成节点的低维向量表示。结合多层感知器（MLP），Node2Vec + MLP 能够在捕捉网络结构特征的同时，进行有效的节点分类和预测。

GraphSAGE：GraphSAGE 是一种能够在大规模图上进行高效学习的模型，通过采样和聚合邻居节点的信息来生成节点嵌入。它能够动态地学习节点的特征表示，适用于处理大规模异构图中的节点分类任务。

GAT：GAT 通过引入注意力机制，能够为每个节点的邻居分配不同的权重，从而更精确地捕捉节点之间的关系。GAT 在处理具有复杂连接模式的图时，能够提供更高的灵活性和准确性。

RGCN：RGCN 专为处理异构图而设计，能够处理多种类型的节点和边。通过引入关系类型的卷积操作，RGCN 能够有效地捕捉不同类型节点之间的复杂关系，适用于档案关联网络中多种节点和边类型的场景。

通过对这 4 种模型的应用和比较，笔者能够深入分析档案关联网络中的结构特征和节点关系，并判断哪些模型更善于捕捉档案关联网络中的复杂关系和结构特征。

（3）实验结果与分析

在本书中，笔者对 4 种图神经网络模型在档案关联网络中的表现进行了评估，具体包括 Node2Vec + MLP、GraphSAGE、GAT 和 RGCN。实验结果如图 3 – 5 所示。从实验结果可以看出，随着模型对图结构信息的利用程度的增加，模型的性能指标普遍提升。Node2Vec + MLP 在所有指标上表现相对较弱，这可能是因为该模型主要依赖于节点的嵌入表示，所以未能充分利用图的结构信息和节点之间的复杂关系。

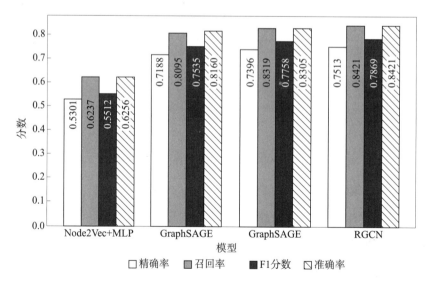

图 3 – 5　档案关联鉴定的实证结果

GraphSAGE 通过采样和聚合邻居节点的信息，显著提高了模型的性能，特别是在召回率和准确率上表现出色。这表明 GraphSAGE 能够有效地捕捉节点之间的局部结构特征，适合处理大规模异构图中的节点分类任务。GAT 通过引入注意力

机制，进一步提升了模型的表现。其在精确率和 F1 分数上优于 GraphSAGE，说明
GAT 能够更精确地捕捉节点之间的关系，尤其是在处理具有复杂连接模式的图时，
提供了更高的灵活性和准确性。RGCN 在所有指标上均表现最佳，特别是在 F1 分
数和准确率上达到最高。这表明 RGCN 在处理异构图时的优势，能够有效地捕捉
不同类型节点和边之间的复杂关系，适用于档案关联网络中多种节点和边类型的
场景。

RGCN 在该实验中表现最佳，建议在实际应用中优先考虑使用该模型进行档案
关联分析，以获得更高的分类精度和稳定性。通过对这些模型的应用和比较，笔
者能够深入分析档案关联网络中的结构特征和节点关系，并判断哪些模型更善于
捕捉档案关联网络中的复杂关系和结构特征。这为后续的档案管理和信息检索提
供了坚实的技术基础。

3.6.4　背景知识增强的实证研究

（1）背景知识图谱构建

在本书中，笔者基于第 3.6.1 节所构建的开放鉴定数据集，通过阿里发布的通
义千问 - 7B（Qwen - 7B）大模型自动抽取档案中的背景知识。笔者采用了一种基
于提示工程的无监督抽取方式，通过设计精确的提示，指导模型从文本中识别出
有价值的背景信息。这种方法无须人工标注，能够高效地从大量文本中提取出结
构化的知识，极大地提高了知识抽取的效率和准确性。

背景知识的抽取涵盖了五类信息：组织机构、人物、时间、地点和事件。组
织机构指的是档案中提到的各类机构和组织，例如政府部门、企业、非政府组织
等；人物包括档案中涉及的个人或群体，可能是历史人物、当前的社会名人或普
通个体；时间涉及档案中提到的具体日期或时间段，这些时间信息对于理解档案
的背景和时序关系至关重要；地点指的是档案中提到的地理位置，包括城市、国
家、特定地点等；事件则是指档案中描述的具体活动或事件，这些事件可能是历
史事件、社会活动或特定的事务处理。这些知识之间的关系也被识别和记录下来，
形成一个完整的知识图谱。最终，笔者构建了一个包含 2100 个节点和 5914 条边的
知识图谱，为后续的分析和模型应用提供了丰富的语义信息。通过背景知识图谱，
人工智能模型能够更好地理解档案内容的背景和关联，为智能档案管理提供了坚

实的基础。

（2）背景知识增强方法构建

在背景知识增强方法的构建中，笔者采用了基于知识图谱的知识嵌入技术，具体使用了 TransE 模型。知识嵌入是一种将知识图谱中的实体和关系映射到低维向量空间的方法，TransE 是一种经典的知识嵌入模型，其通过将关系视为从头实体到尾实体的平移操作，能够有效地捕捉实体之间的关系。

笔者将知识嵌入与开放审核模型结合，以增强模型的表现。对于文本分类模型，笔者将知识向量通过多层感知器进行压缩，然后与文本向量拼接，形成背景知识增强的文本表示。这种方法能够将背景知识融入文本特征中，提高分类的准确性。

在敏感实体识别任务中，笔者在待识别敏感实体的上下文中（上下文窗口设置为 10）提取涉及的背景实体的向量化表示，通过平均池化后，与待识别实体的上下文向量拼接，形成背景知识增强的实体表示。这种方法能够利用背景知识提高实体识别的精度。

对于档案关联分类模型，在对网络中的档案节点进行分类时，笔者将档案中涉及的背景实体的向量化表示经过平均池化后，与档案节点的向量拼接，形成背景知识增强的档案节点表示。这种方法能够利用背景知识提高档案关联分类的效果。

通过这些方法，笔者能够有效地将背景知识融入不同的模型，并测试提升模型在文本分类、敏感实体识别和档案关联分类任务中的表现，为背景知识在智能档案管理中的应用提供实践思路和方法。

（3）实验结果与分析

在本书中，笔者对背景知识增强方法在不同任务中的效果进行了详细的实验评估，具体包括基于文本分类的档案开放鉴定、基于敏感实体识别的档案开放鉴定模型以及基于档案关联的档案开放鉴定三类任务。笔者选择了之前实验中表现最好的模型作为背景知识增强的基础模型。实验结果如表 3-3 所示。从整体结果看，背景知识增强方法在各类任务中均表现出色，显著提升了模型的性能。

表 3 – 3　背景知识增强的实证结果

Type	模型	精确率	召回率	F1 分数	准确率
Text – classification based	RoBERTa – Large	0.7344	0.8284	0.7707	0.8272
	KGAug – TEXT	0.7464	0.8421	0.7838	0.8369
Entity – detection based	RoBERTa – BI – LSTM – CRF	0.8436	0.8789	0.858	0.8764
	KGAug – ENT	0.8147	0.8872	0.846	0.8889
Archival bond based	RGCN	0.7513	0.8421	0.7869	0.8421
	KGAug – Graph	0.792	0.8711	0.8254	0.8716

在本书中，笔者对背景知识增强方法在不同任务中的效果进行了详细的实验评估，具体包括基于文本分类的档案开放鉴定、基于敏感实体识别的档案开放鉴定模型以及基于档案关联的档案开放鉴定三类任务。笔者选择了之前实验中表现最好的模型作为背景知识增强的基础模型。

在基于文本分类的档案开放鉴定任务中，笔者选择了 RoBERTa – Large 模型作为基础模型。RoBERTa – Large 在精确率、召回率、F1 分数和准确率上分别达到了 0.7344、0.8284、0.7707 和 0.8272。通过引入背景知识增强，KGAug – TEXT 模型在各项指标上均有提升，精确率提高到 0.7464，召回率提升至 0.8421，F1 分数达到 0.7838，准确率也提高到 0.8369。这表明背景知识的引入能够有效提升文本分类模型的性能，特别是在复杂语义关系的理解上表现更为出色。

在基于敏感实体识别的档案开放鉴定模型中，笔者选择了 RoBERTa – BI – LSTM – CRF 作为基础模型。RoBERTa – BI – LSTM – CRF 在精确率、召回率、F1 分数和准确率上分别为 0.8436、0.8789、0.858 和 0.8764。KGAug – ENT 模型在召回率和准确率上表现更佳，分别达到 0.8872 和 0.8889，尽管精确率略有下降至 0.8147，但整体 F1 分数仍保持在 0.846。这说明背景知识的整合在提高实体识别的全面性和准确性方面具有显著作用。

在基于档案关联的档案开放鉴定任务中，笔者选择了 RGCN 作为基础模型。RGCN 的精确率、召回率、F1 分数和准确率分别为 0.7513、0.8421、0.7869 和 0.8421。通过背景知识增强，KGAug – Graph 模型在所有指标上均有显著提升，精确率达到 0.792，召回率提升至 0.8711，F1 分数提高到 0.8254，准确率也上升至 0.8716。这表明在档案关联分析中，背景知识的引入能够更好地捕捉档案之间的复杂关系，提高分类的精度和稳定性。

实证研究验证了背景知识在智能档案管理中的重要性和有效性，为进一步的模型优化和实际应用提供了有力支持。通过将背景知识与模型深度结合，智能模型能够更全面地理解和处理档案数据中的复杂信息，推动档案管理技术的进步。但是，背景知识增强也存在一些弊端。第一，背景知识图谱的构建需要大量的高质量数据和计算资源。自动抽取背景知识虽然提高了效率，但仍可能面临数据噪声和不准确的问题，尤其是在处理非结构化文本时，模型可能会误识别或遗漏重要信息。知识图谱的更新和维护也是一项复杂的任务，随着时间的推移，知识的时效性和准确性可能会下降，需要持续的监控和更新。第二，知识增强方法在不同任务中的适用性可能会有所不同。虽然在本书中，背景知识增强在多个任务中表现出色，但在某些特定场景下，过多的背景信息可能导致模型的过拟合，尤其是在数据量较小或背景知识与任务相关性不高的情况下，这可能导致模型对背景知识的依赖性过强，从而影响其泛化能力。此外，背景知识的整合也增加了模型的复杂性和计算成本。在实际应用中，尤其是在资源受限的环境下，如何平衡模型的复杂性与性能提升之间的关系是一个重要的考虑因素。过于复杂的模型可能导致计算效率低下，影响实际应用的可行性。

第 4 章

智能开放鉴定的关键环节

4.1　档案数据化环节

4.1.1　档案数据化任务框架

在档案数据化框架中，档案数据化是由利用需求驱动，并以数字化为基础的。需要注意的是，对于通过数字化处理转换的档案，其数据化和数字化工作存在一定的重叠。在数字化阶段，可能进行了小规模的扫描件识别和以手工为主的转录，以及档案级别的元数据记录，但这些处理主要是为了便于人类阅读和分析。最终面向机器计算的档案数据化被划分为四类任务，分别是转录识别、描述增强、关联构建和矢量处理。前三个数据化任务对应的是数据化的结构化过程，呈现层层递进的形式，而矢量处理对应数据化的量化过程，可直接应用于转录识别、描述增强、关联构建任一任务的成果。

转录识别解决了档案内容可被机器操作的难题，是档案数据化中的基础任务。这个过程包括将档案的内容数据和部分元数据系统地存储在数据库的字段或键中。例如，对于格式化档案或扫描图像，通过转录识别可以创建相应的全文数据库，使管理者能够应用相关技术对档案内容和元数据进行全文检索、统计分析和可视化。转录识别的主要目标是实现"内容可操作"。对于以文本为主的档案，转录识别可以分为基础阶段和高级阶段。基础阶段是将所有文本数据存储在一个或几个字段中，而高级阶段则使用 XML 等标记语言对文本数据进行半结构化处理，将其转换为档案树并存储在数据库中，以区分档案内容的不同组成部分。

描述增强旨在解决档案缺乏描述和标注，导致机器难以理解的问题。根据人工或机器对档案的内容数据和元数据进行标注，描述增强可以分为多个层次。例如，对于文本档案，标注层次可以包括文件级、句子级和词级；对于图像档案，标注层次可以包括图像级、对象级和像素级。信息资源元数据可以被视为文件级的标注。通过描述增强，管理者能够利用机器对档案进行重新组织。描述增强的成果通常包括富语义描述数据库和标注数据集，前者包含丰富的描述数据，后者包含标注字段和记录。描述增强的目标是实现"数据可理解"。

关联构建旨在解决档案资源知识粒度大、缺乏细粒度知识表达的问题。通过人工或机器对档案内容和元数据进行知识建模、信息抽取、关联揭示和知识融合等操作，关联构建促进了档案数据之间的关联形成和知识发现。其目的是通过知识图谱等方式将档案中蕴含的相关知识显性化，实现自动推理、知识发现以及智能审计、智能校验和智能风控等高级智能应用。通过关联构建，档案被转化为图结构的知识图谱，存储在图数据库中，或者变为档案资源及其描述信息的关联数据。关联构建的目标是实现"知识可获取"。

矢量处理旨在解决档案内容数据无法被机器计算和分析的问题。它是机器自动化分析和处理档案资源的基础，通过相关算法对档案数据化后形成的各种结构数据进行特征工程或表示学习，生成文件级、句子级和词级的向量表示，将档案、档案组成元素和知识实体映射到向量空间中。矢量处理是支持档案智能化利用服务的关键环节，使机器能够实现自动化和智能化应用，如主题聚类、多维分类和序列分析等。此外，矢量处理也是机器智能支持档案数据化工作的核心内容。例如，在构建档案背景知识图谱时，通常需要通过矢量处理和人工智能技术，自动抽取知识实体和关系。矢量处理的目标是实现"机器可计算"。

档案数据化的作用主要体现在三个方面：结构化程度提高、语义化水平提升和智能化能力增强。首先，通过转录识别，档案资源从不可操作的"块状数据"转变为可操作的内容数据，形成初级结构化数据。描述增强进一步为档案内容添加丰富的标注信息，使其结构化程度更高。关联构建则通过抽取知识实体和关系，形成知识图谱，达到最高的结构化水平。矢量处理虽然不直接提高结构化程度，但作为机器支撑结构化的重要基础，间接提升了档案资源的结构化程度。其次，档案数据化任务层次的提升同步提高了档案资源的语义化水平。转录识别使档案内容可被机器处理，描述增强通过多层次的标注增强了机器对档案的理解，关联构建通过揭示档案数据中的关联发现新知识，矢量处理则将档案映射到向量空间中，进一步提高了语义化水平。最后，档案数据化各任务层次支撑的智能化服务逐步增强。转录识别为全文检索和主题聚类等应用提供基础，描述增强使档案资源能够实现智能分类和实体识别，关联构建通过知识图谱和关联数据支持自动推理和自然语言检索等高级智能应用。矢量处理是智能化应用的关键步骤，将档案资源从面向人类阅读转变为面向机器计算，支持各种智能化应用。

4.1.2　档案数据化方法体系

笔者将档案数据化的方法分为基础方法和关键方法。基础方法旨在将档案资源转化为计算机可识别的二进制编码，典型技术包括 OCR 识别和元数据录入，部分与数字化方法重叠。关键方法则专注于机器对档案资源的计算和分析，提升其结构化、语义化和智能化水平，代表性技术包括实体与关系抽取、文本表示学习和主题发现。接着，笔者将从任务对象和实施主体两个方面分析基础方法，任务对象包括不同类型的档案，而实施主体则分为人和机器，机器在数据化过程中参与决策。数据化任务的主体受到档案规模和利用需求的影响，通常人和机器协同进行数据化工作。

转录识别是档案数据化任务框架中的基础任务，主要对象包括印刷档案扫描件、手写档案扫描件、音视频档案及其他类型（如工程图纸）。其前置任务为以扫描著录为核心的数字化任务。实施主体可以是人或机器。人工转录识别通过阅读和分析档案将其转化为文本，而机器转录识别则根据档案类型采用不同技术。对于档案扫描件，关键方法包括 OCR、手写识别和语言模型；对于音视频档案，关键方法包括声学模型、语言模型、关键帧识别和图像识别。视频档案的数据化分为音频和图像两部分，图像部分主要采用关键帧识别和图像识别技术。

描述增强的对象可以根据资源粒度分为档案集合（如图书中的作品集、系列图书以及档案中的全宗、类目、案卷等）、档案件（单件档案）、语句和字词（主要针对文本数据）。在数字化任务中，档案件的元数据著录是一种描述增强的方法。不同数据粒度的档案对象，其描述增强的关键方法各不相同：数据粒度越细，机器的参与工作越多；数据粒度越粗，人工的依赖程度越高。

对于档案集合，描述增强主要依赖人工，关键方法包括叙词表构建、本体建模和元数据著录等。机器则可以进行主题发现和标注，常用技术为主题模型。档案件的描述增强中，人主要负责元数据著录，而机器参与的关键方法包括元数据抽取、分类标注、聚类标注和主题发现等。语句的描述增强完全由机器完成，关键方法包括语义角色标注、分类标注和聚类标注。字词的描述增强中，人主要进行叙词发现，机器则负责分词、词性标注、实体抽取、词义消歧及叙词发现与映射，涉及的技术包括隐马尔可夫模型、条件随机场和端到端的循环神经网络等。倪渊通过这些方法对电子病历中的字词进行了描述和标注，显著提升了电子病历的数据可理解性。

关联构建涉及的数据对象主要包括领域本体、命名实体、实体关系和资源关系，这四类对象是构建档案知识图谱和"资源—实体"关联网络时的重点关注对象。由于知识图谱和"资源—实体"关联网络的构建对数据处理效率和实施主体能力要求较高，因此通常是通过人机合作完成。领域本体构建是档案知识图谱的基础，涉及定义概念及其关系的过程，需由领域专家与信息资源管理专家共同进行，关键方法包括概念术语分析和本体构建，机器在此过程中基本不参与决策。命名实体和实体关系则是档案知识图谱中的知识实体及其关系，需要从档案内容中抽取并进行清理和消歧。人工抽取知识实体和实体关系时，需运用档案内容和领域本体的相关知识，通常需要通过众包或外包的方式，由多人协作完成。机器在此项工作中采用的关键方法包括序列标注、实体消歧、基于规则的模式识别和基于依赖路径的识别等。序列标注通常使用条件随机场和循环神经网络等算法实现，实体消歧则通过上下文相似度匹配等算法完成。基于规则的模式识别和依赖路径识别则是根据预定义的句法或实体关联规则抽取实体关系，通常使用深度神经网络等算法。资源关系指的是档案中知识实体与资源之间的关联关系。人工构建资源关系时，主要方法包括定义关联数据模式和整理实体与资源之间的关系；而机器则通过自动标注和链接实体与资源来完成此项工作。

矢量处理是机器参与数据化工作的基础，贯穿于从转录识别到关联构建的各项数据化任务中。其处理对象主要包括档案扫描件、音视频档案、转录识别后的档案件、档案语句、档案字词以及知识图谱中的命名实体。由于矢量处理的主要目的是将档案资源映射到向量空间，以实现机器可计算，因此主要由机器实施。对于尚未转录识别的档案扫描件和音视频档案，机器可以通过图像表示学习和音频特征工程等关键方法实现资源特征的矢量化，从而参与这些资源的转录识别过程。对于转录识别后的档案件、档案语句和档案字词，矢量处理的关键方法包括基于内容的表示学习、基于词袋的特征工程和字词表示学习。基于内容的表示学习通常使用深度学习模型或迁移训练的语言模型，将档案内容表示为特征向量，常用模型包括长短期记忆网络和预训练语言模型。基于词袋的特征工程则通过构建特征词袋（可能需要人工参与），并利用特征权重算法（如 TF – IDF 和互信息）形成档案件和档案语句的特征向量。基于字词的表示学习则依赖字词的上下文关系，通过预训练或迁移训练模型获得词的分布式表示。在知识图谱中，命名实体的矢量处理主要采用知识表示学习和图表示学习。知识表示学习关注知识元组之间的推断关系，将知识图谱中的三元组近似为代数关系，并基于向量平移不变性计算知识实体的分布式表示。图表示学习则侧重于知识图谱的网络关系，通过节点之间的关联计算知识实体的分布式表示。

4.2　规则设计环节

　　档案开放鉴定的规则设计是档案开放鉴定的核心工作之一，也是智能开放鉴定的基础性工作。规则设计的目的是在对档案进行开放使用前，制定一系列系统化的标准和程序，以评估和确定哪些档案可以公开，哪些需要限制访问，并将这些规则通过合适的方式与智能开放鉴定融合。规则设计的思路主要分为自底向上和自顶向下两种方法。

　　自底向上的规则设计方法主要从档案馆内部的档案资源情况出发，综合考量档案的全宗与案卷特征、业务背景和档案内容等自身特征，通过构建敏感词词库的方式，将鉴定规则与鉴定模型融合。自顶向下的规则设计则依托各级档案主管部门出台的法规条款，将法规条款映射为具体的开放鉴定规则，结合语义分析技术实现鉴定规则与鉴定模型的融合。这两种方法各有其独特的流程和实施主体，并在实际应用中展现出不同的优势和劣势。

4.2.1 自底向上的规则设计

自底向上的规则设计主要基于档案馆内的档案资源情况，综合考量全宗与案卷特征、业务背景和档案内容等馆藏档案自身特征。其核心在于通过构建敏感词词库，将鉴定规则与鉴定模型融合。敏感词词库是一个包含与档案内容相关的敏感信息的词汇集合，这些敏感信息可能涉及个人隐私、国家安全、商业机密等方面。敏感词词库一般采用动态更新的设计方式，从而能够及时反映社会环境和法律法规的变化，确保鉴定规则的有效性和适应性。

自底向上的流程通常包括以下四个步骤：第一，档案馆的专业人员对馆藏档案进行全面分析，识别出可能涉及敏感信息的领域和内容。第二，基于这些分析结果，构建一个初步的敏感词词库。第三，通过对档案内容的自动化扫描和匹配，识别出包含敏感信息的档案。第四，根据匹配结果，制定相应的开放或限制访问的决策。

实施主体主要是档案馆的专业人员和技术团队，他们负责敏感词词库的构建和更新，以及规则的实施和调整。自底向上的优势在于其灵活性和针对性，能够根据档案馆的具体情况进行调整，确保规则的适用性。然而，其劣势在于对敏感词词库的依赖性较强，可能无法捕捉到隐含的敏感信息或上下文相关的内容。

4.2.2 自顶向下的规则设计

自顶向下的规则设计思路则是重点依托各级档案主管部门出台的法规条款，如国家档案局发布的《各级国家档案馆馆藏档案解密和划分控制使用范围的暂行规定》，将法规条款映射为具体的开放鉴定规则，结合语义分析技术实现鉴定规则与鉴定模型融合。通过这种方式，可以确保档案的开放与使用符合国家法律法规的要求，避免因信息泄露而引发的法律风险。

自顶向下的流程通常包括以下三个步骤：第一，档案馆的法律顾问和政策专家对相关法规进行详细解读，提炼出适用于档案开放鉴定的具体条款。第二，将这些条款转化为可操作的规则，并结合语义分析技术，开发相应的鉴定模型。第三，通过模型的自动化运行，对档案进行开放鉴定。实施主体主要是档案馆的法律顾问、政策专家和技术团队，他们负责法规的解读、规则的制定和模型的开发。自顶向下的优势在于其合规性和系统性，能够确保档案开放过程的合法性和规范性。然而，其劣势在于可能缺乏对档案馆具体情况的灵活适应，容易导致规则的僵化和不适用。

此外，还有一种思路是上述二者的结合，既从档案的自身特征自底向上设计规则，又根据各级档案主管部门出台的法规条款自顶向下设计规则，这是一种双向融合的方式。这种方式也可以被称为多维规则，具体来说是结合元数据特征、内容特征、法规条款特征和敏感词特征共同判断档案的开放类型。其主要特点是能够综合考虑多方面因素，提高规则的全面性和适用性。然而，这种方法可能带来的问题是复杂性增加，规则的制定和实施难度加大，可能需要更多的资源和时间进行协调和管理。

4.2.3　鉴定规则的算法化

在智能开放鉴定模型的构建过程中，将开放鉴定规则转化为开放鉴定算法是重要的一步。鉴定规则算法化的主要目标是通过自动化手段提高档案开放鉴定的效率和准确性，减少人为因素的干扰和误判。其核心思想是将规则的逻辑和判断标准转化为计算机可以理解和执行的算法，从而实现智能化的档案开放鉴定。

理论上，有两种方式可以将开放鉴定规则转化为开放鉴定算法。一种是将规则直接映射成为算法，比如敏感词匹配就是通过预先定义的敏感词词库，对档案内容进行逐字匹配，以识别出可能涉及敏感信息的部分。这种方法简单直观，能够快速识别出档案中包含的敏感词汇，从而判断该档案是否符合开放条件。然而，这种方法的局限性在于它依赖于敏感词词库的完整性和准确性，可能无法捕捉到隐含的敏感信息或上下文相关的内容。

另一种则是采用学习型模型，先由档案开放鉴定委员会按照规则对一定规模的待开放档案进行开放鉴定，再将鉴定好的档案作为训练数据训练学习型算法。通过这种方式，模型能够学习到更复杂的模式和特征，不仅依赖于显性的敏感词，而且可以识别出潜在的敏感信息和复杂的语义关系。这种方法的优势在于其适应性和灵活性，能够随着新数据的加入不断优化和改进，从而提高开放鉴定的准确性和效率，但是前期的训练数据构建的成本较高。与人工智能结合的主要方式包括利用自然语言处理技术进行文本分析和语义理解，采用机器学习算法进行模式识别和预测，以及通过深度学习模型进行复杂特征的提取和分析。这些技术的结合能够显著提升档案开放鉴定的智能化水平，使得鉴定过程更加高效、准确和可靠。

通过以上规则设计和算法化的结合，智能开放鉴定模型能够更好地适应不同类型档案的开放需求，确保档案的安全性和合规性，同时提高档案管理的效率和质量。

4.3　模型设计环节

档案开放鉴定模型分为非学习型模型和学习型模型。对于非学习型模型，需要注重将开放鉴定规则尽可能完整地转化为模型。对于代表开放鉴定规则的敏感词词库，模型应当能够全面检测档案内容相关的所有敏感信息。此外，非学习型模型在设计时应该便于规则的手动更新，比如采用模块化设计、配置文件管理等方式，使得档案管理人员能够方便地添加、删除或修改敏感词，确保模型始终反映最新的法律法规和社会环境变化。而对于学习型模型，其设计过程则相对复杂。学习型模型包括数据集构建、模型训练和模型测试三个主要阶段。

4.3.1　训练数据集构建

构建高质量的训练数据集是开发学习型模型的关键步骤，尤其是在档案开放鉴定中，数据集的质量直接影响模型的性能和可靠性。数据集构建的基本原则包括多样性、代表性和准确性。多样性确保数据集涵盖各种档案类型和开放情境，代表性保证数据集能够反映实际应用中的情况，而准确性则要求数据标注的精确和一致。

一般来说，训练数据集分为训练集、开发集和测试集。训练集是用于模型学习的主要数据集，包含大量经过人工标注的档案样本，旨在帮助模型识别和理解开放鉴定的规则。在档案开放鉴定中，训练集应当涵盖多种类型的档案，以确保模型能够学习到不同开放类型的特征和模式。开发集用于模型调优和参数选择，它通常在训练过程中不参与模型的学习，而是用于评估模型在未见数据上的表现。通过在开发集上测试模型的性能，研究人员可以调整模型的超参数，以提高其泛化能力。测试集用于最终评估模型性能，包含与训练集和开发集不同的档案样本，旨在检验模型在真实应用场景中的效果。测试集的结果能够反映模型的实际性能，帮助判断其是否适合用于实际的开放鉴定工作。这三者一般按全部标注数据的 8∶1∶1 或 6∶2∶2 的比例进行划分。

在数据集构建过程中，避免噪音和数据增强是两个重要的考虑因素。为了避免噪音，数据集中的数据不应该是随机抽样标注，而是需要根据鉴定规则和开放类型综合考虑。比如，鉴定规则涉及 20 条，那么依据每条规则判断出的档案都应该囊括进入数据集中。再比如，如果开放类型分为社会开放、政务内网开放、局域网开放、不开放，那么每种开放类型的数据都需要出现在数据集中，且数量应该接近。这种综合考虑主要是为了避免样本不均衡导致的模型偏倚等问题，从而让模型效果更好，训练过程更加顺利。

数据增强是提高模型鲁棒性的重要手段，尤其在数据量有限的情况下。常见的数据增强方法包括数据翻译、同义词替换、随机插入和删除等。这些方法可以增加数据的多样性，使模型在面对不同类型的档案时都能作出准确的判断。通过确保数据集的多样性和代表性，可以提高模型的鲁棒性，使其在面对不同类型的档案时都能作出准确的判断。

4.3.2　模型训练环节

模型训练是开发学习型模型的核心环节，涉及计算设施的要求、超参数选择、模型收敛和过拟合的监控等多个方面。模型训练需要强大的计算设施支持，尤其是当使用深度学习模型时，通常需要 GPU 加速以提高训练速度和效率。由于计算设施的选择直接影响训练的时间和成本，因此在资源有限的情况下，需要合理规划和使用计算资源。

超参数选择是模型训练中的关键步骤，常见的超参数包括学习率、批量大小、正则化参数等。合理的超参数设置能够加速模型的收敛，提高模型的性能。超参数选择通常采用网格搜索或随机搜索的方法，通过在开发集上测试不同参数组合的效果，选择最优的参数设置。

在训练过程中，监控模型的收敛情况和过拟合现象是确保模型性能的关键。模型收敛情况是指在训练过程中，模型的损失函数值是否逐渐减小并趋于稳定。当模型收敛时，意味着模型已经学习了数据中的有效特征，并且在训练集上的表现达到了一个较好的水平。监测模型的收敛情况可以帮助判断训练是否成功，以及是否需要调整学习率等超参数。过拟合是模型训练中的常见问题，指的是模型在训练集上表现良好，但在开发集或测试集上表现不佳。这通常是由于模型过于复杂，学习了训练数据中的噪声和特定模式，而未能有效泛化到新的数据上。为了防止过拟合，可以采取一些措施，例如增加正则化、使用更简单的模型或通过数据增强等方法增加训练数据的多样性。

最佳模型的选择策略通常基于开发集的表现，选择在开发集上表现最好的模型作为最终模型。为了确保模型的稳定性和可靠性，通常会在多个训练周期中选择表现最好的模型，并通过交叉验证进一步验证其性能。

4.3.3　模型测试环节

模型测试是验证模型在实际应用中表现的关键步骤，重点关注模型的准确率、资源占用和推理效率。模型的准确率是指模型在测试集上正确预测的样本数量与总样本数量之比，反映了模型的整体性能和有效性。高准确率意味着模型能够较好地识别和分类档案的开放类型。

模型资源占用是指模型在运行时所需的计算资源，包括内存使用量和计算时间等。这一指标对于智能开放鉴定模型的落地应用至关重要，因为部分档案馆的计算资源有限，过高的资源占用可能导致模型无法顺利部署。因此，在模型开发过程中，需要权衡模型的复杂性和资源占用，确保模型在实际应用中的可行性。

模型推理效率是指模型在进行预测时的速度，通常以每秒处理的样本数量来衡量。高推理效率意味着模型能够快速响应用户请求，适应实际应用场景的需求。在实际应用中，模型的推理效率直接影响用户体验和系统的响应能力，因此需要在模型开发过程中优化推理速度。人机交互是模型测试中的重要环节，通过结合人工和机器的力量，可以更全面地评估模型的性能。

在测试过程中，人工可以对模型的预测结果进行验证和调整，帮助识别模型的不足之处，并提供改进建议。这种人机协作的方式不仅提高了测试的准确性，还能为模型的进一步优化提供有价值的反馈。通过以上步骤，模型测试能够全面评估智能开放鉴定模型的性能，确保其在实际应用中的有效性和可靠性。这一过程不仅是对模型开发工作的总结，也是为模型的实际部署和应用提供保障。

4.4　系统建设环节

系统建设环节是将智能开放鉴定模型转变为可以直接服务档案管理人员的开放鉴定系统的重要环节。档案开放鉴定模型的功能单一，主要用于判断档案的开放类型，但是不具备信息系统的功能性和交互性。相对于开放鉴定模型来说，智能开放鉴定系统需具备档案检索查询、档案开放二次鉴定、开放鉴定规则管理、鉴定结果分析及可视化、用户界面与交互等核心功能。智能开放鉴定系统可以嵌入到数字档案馆系统中，也可以作为馆内的独立系统。如果是后者，则还需要打通智能开放鉴定系统与数字档案馆系统的之间的数据接口。

4.4.1　档案检索查询

档案检索查询的主要功能是提供强大的搜索和过滤能力，允许档案管理者根据多种条件（如档号、日期、主题、来源机构等）快速查找和访问档案。通过高效的检索查询功能，档案管理者可以迅速定位需要鉴定或复查的档案，减少时间浪费，提高工作效率。为了实现这一目标，系统需要支持全文检索、模糊搜索和高级过滤等功能，确保用户能够以最少的步骤找到所需的档案。此外，系统还应支持批量操作功能，允许用户对多个档案进行同时处理，从而进一步提高工作效率。在实现技术上，档案检索查询功能可以利用现代搜索引擎技术，从而支撑处理大规模数据集并提供快速响应。通过索引档案的元数据和内容，系统可以在用户输入查询条件时迅速返回相关结果。此外，系统还应支持用户自定义查询模板，以满足不同用户的特定需求。

4.4.2 档案开放二次鉴定

档案开放二次鉴定的主要功能是在初次鉴定后，对档案进行进一步的审核和确认，尤其是在对于判定为开放的档案，需要以人工方式进行二次鉴定。此外，档案的开放状态可能会随着时间和政策的变化而需要重新评估。二次鉴定功能确保档案的开放符合相关规定和标准，维护档案开放的准确性和合规性。

二次鉴定功能的实现需要支持灵活的工作流程管理，允许档案管理者根据需要调整鉴定流程。例如，系统可以提供待审核档案的自动提醒功能，确保管理者及时处理。此外，系统还应支持多级审核机制，允许不同级别的管理者参与鉴定过程，以提高鉴定的准确性和可靠性。为了支持档案的动态管理，系统应具备版本控制功能，记录每次鉴定的结果和变更历史。这不仅有助于追溯档案的开放决策过程，还能为未来的政策调整提供依据。

4.4.3 开放鉴定规则管理

开放鉴定规则管理的主要功能是允许档案管理者查看、添加、修改和删除开放鉴定规则和敏感词，以便及时更新和调整规则库。对于非学习型的开放鉴定模型，开放鉴定的准确性和有效性依赖于规则的完整性和时效性。通过规则管理功能，系统可以快速适应政策变化和新出现的需求，保持鉴定结果的准确性。

对于学习型的开放鉴定模型，虽然主要依赖于数据驱动的算法来判断档案的开放类型，但档案管理者需要依据更新的规则来标记和收集新的训练数据，帮助模型学习最新的政策变化和档案内容特征。系统应支持规则的版本管理和变更日志记录，确保规则的透明性和可追溯性。系统还应提供规则的自动化测试功能，允许管理者在规则变更后立即验证其效果。这可以通过模拟测试集来实现，确保新规则不会对现有流程产生负面影响。

4.4.4 鉴定结果分析及可视化

鉴定结果分析及可视化的主要功能是提供对鉴定结果的统计分析和图形化展

示，帮助档案管理者理解和评估档案开放的依据和档案开放的宏观趋势。通过鉴定结果分析功能，档案管理者能够更直观地理解一份档案开放鉴定结果的依据是什么，比如具体的规则匹配情况、模型预测的置信度、涉及的敏感词或短语，以及与历史数据的比较等。

便于档案管理者判断鉴定结果的合理性和准确性。此外，鉴定结果分析功能还应揭示档案开放的宏观趋势，例如不同类型档案的开放比例变化、特定时间段内开放政策的影响，以及不同部门或主题档案的开放情况。这些趋势分析有助于档案管理者识别潜在的政策调整需求和资源分配优化方向。为了实现这些功能，系统应支持多种数据可视化工具，如图表、仪表盘和地理信息系统等。这些工具可以帮助管理者快速识别模式、发现问题，并据此优化档案管理流程和开放策略。

4.4.5　用户界面与交互

用户界面与交互的主要功能是提供直观友好的用户界面，支持多种交互方式（如图形化界面、命令行接口等），便于档案管理者操作智能鉴定系统。良好的用户界面和交互设计能够显著提升用户的满意度和系统的易用性。

通过简洁、直观的界面设计，档案管理者可以更轻松地完成任务，减少学习曲线和操作错误。系统应支持个性化设置，允许用户根据个人偏好调整界面布局和功能显示。此外，系统还应提供详细的用户指南和帮助文档，帮助用户快速上手。在交互设计上，系统应支持多种输入方式，如键盘、鼠标和触摸屏，以适应不同设备和用户习惯。对于高级用户，系统还可以提供命令行接口，支持批量操作和自动化脚本。为了提高用户体验，系统应具备响应式设计，确保在不同设备和屏幕尺寸上都能良好显示。此外，系统应支持多语言界面，以满足不同语言背景用户的需求。

4.5　持续优化环节

持续优化环节是指在智能开放鉴定系统投入使用后，结合实际情况对智能鉴定模型进行持续优化。之所以要进行持续优化，一方面是因为原有模型可能在实际业务场景下表现不佳，导致鉴定结果不够准确，需要通过优化来提高模型的精度和可靠性；另一方面是因为档案管理的环境和政策可能会随着时间的推移而发生变化，新的档案类型和内容也会不断出现，这就要求智能开放鉴定能够及时适应和调整。

对于非学习型模型的持续优化，主要依赖于规则库的更新和维护，包括定期审查和更新鉴定规则、管理敏感词词库、建立专家反馈机制，以及进行测试与验证。对于学习型模型的持续优化，则依赖于数据驱动的改进过程，包括持续数据收集与标注、模型再训练与评估、利用反馈循环与主动学习策略，以及性能监控与调整。

4.5.1　非学习型模型的持续优化

对于非学习型模型的持续优化，主要依赖于规则库的更新和维护。由于非学习型模型通常基于预定义的规则和敏感词词库来进行档案开放鉴定，因此其性能高度依赖于规则的完整性和时效性。持续优化的关键在于定期审查和更新鉴定规则。档案管理者需要定期审查现有的鉴定规则，以确保它们仍然适用于当前的政策和业务需求。随着法律法规的变化和档案内容的更新，规则可能需要进行调整或扩展。

管理敏感词词库是非学习型模型优化的重要组成部分。敏感词词库是非学习型模型的重要组成部分，定期更新和维护敏感词词库可以帮助模型更准确地识别档案中的敏感信息。档案管理者应根据最新的政策和社会环境变化，添加或删除敏感词，以保持词库的有效性。

建立专家反馈机制是优化非学习型模型的另一重要策略。通过建立专家反馈机制，档案管理者可以收集来自一线用户和领域专家的反馈意见。这些反馈可以用于识别规则和模型的不足之处，并指导后续的优化工作。专家的意见不仅可以帮助识别当前规则的缺陷，还可以为新规则的制定提供参考。

在更新规则和敏感词词库后，需要进行充分的测试与验证，以确保更新不会引入新的错误或偏差。通过模拟测试和实际应用场景的验证，可以评估更新的效果，并进行必要的调整。测试与验证不仅是对规则更新效果的检验，而且是确保系统稳定性和可靠性的关键步骤。

4.5.2　学习型模型的持续优化

学习型模型的持续优化主要依赖于数据驱动的改进过程。由于学习型模型通过不断学习新的数据来提高其性能，因此持续的数据收集与标注、模型再训练与评估是优化的核心。档案管理者需要持续收集新的档案数据，并对其进行标注，以丰富训练数据集。这一过程可以通过自动化工具和人工协作来实现，确保数据的多样性和准确性。

再训练是学习型模型优化的重要环节。再训练可以采用热训练和冷训练两种策略。热训练是指根据档案管理者在检验机器开放鉴定结果时的反馈进行实时捕捉和数据集构建。当反馈数据积累到一定规模时，系统会在后台进行在线训练，从而及时更新模型。这种方法的优势在于能够快速适应新的数据和反馈，及时纠正模型的偏差，提高模型的实时性和准确性。然而，其劣势在于可能会受到噪声数据的影响，导致模型不稳定，并且频繁的更新可能增加系统的计算负担。热训练需要智能开放鉴定系统提供相应的功能支持，例如实时反馈收集、自动数据标注和在线训练机制，以确保模型能够有效地进行动态调整。

冷训练与热训练相对，是指档案管理者根据模型的缺陷，手动构建新的训练数据集对模型进行离线训练。这通常涉及定期收集和标注大量的档案数据，识别模型在特定领域或情况下的不足之处，然后在离线环境中对模型进行全面的再训练和评估。该方法的优势在于能够对模型进行系统性优化，并通过全面的测试确保模型的稳定性和可靠性。此外，离线训练可以进行更大幅度的模型优化和更大规模的计算资源。然而，其劣势在于更新周期较长，无法快速响应实时反馈和变化的需求，可能导致模型在更新前的一段时间内对新出现的数据或情况反应迟缓。

利用反馈循环与主动学习策略是学习型模型持续优化的另一重要方法。通过建立反馈循环，档案管理者可以持续获取用户反馈，并将其用于模型优化。主动学习策略可以帮助模型识别最有价值的训练样本，从而提高学习效率和模型性能。通过选择性地标注和学习那些对模型改进最有帮助的数据，系统可以在资源有限的情况下最大化地提升模型的表现。

持续监控模型的性能是优化过程中的重要环节。通过监控模型在实际应用中的表现，档案管理者可以及时发现问题并进行调整。这包括监控模型的准确率、响应时间和资源使用情况等指标。通过对这些指标的分析，管理者可以识别出模型的弱点和改进空间，从而制定相应的优化策略。

智能开放鉴定系统需要保持其在实际应用中的高效性和准确性，适应不断变化的档案管理环境和需求。持续优化不仅是技术上的挑战，而且是管理和策略上的考验，需要档案管理者具备前瞻性的视野和灵活的应对能力。

第5章
大语言模型与档案开放鉴定

5.1 现有技术路线的问题

自动化开放鉴定常见的技术路径有两种：一是基于规则匹配的档案开放鉴定，即依赖人工编写的审核规则，例如构建敏感词词库[1]、敏感信息特征[2]等，判断档案内容是否符合预设的规则，进行自动标记和处理。其局限性在于规则的覆盖面有限，难以处理复杂的语义和隐喻表达。二是基于机器学习的档案开放鉴定，即利用大量已标注的档案数据，训练人工智能模型识别其中敏感信息。[3] 与基于规则匹配的方法相比，机器学习方法具有更高的灵活性和适应性，能够处理更为复杂的语言结构和语义关系，但需要耗费大量人力来标注数据，并且存在语义分析不准等问题。[4] 具体而言，智能档案开放鉴定存在以下三方面问题。

---

[1] 杨扬，孙广辉，韩先吉. 敏感词全文比对在档案开放鉴定中的应用实践［J］. 中国档案，2020（11）：58-59.

[2] 江西省档案馆. 基于结构化和文本数据的辅助开放鉴定模型应用［EB/OL］.［2024-05-26］. https：//www. saac. gov. cn/daj/kjcgtg/202402/b5c4d9ffa7c240b8b7904dc8a8b6ca3f/files/9cac981123d64c9fb94eb29e9704a25d. pdf.

[3] 黄建峰，颜梓森，张枫旻，等. 福建：运用人工智能技术搭建开放鉴定模型［J］. 中国档案，2023（7）：27-29；安徽省档案馆. 人工智能技术在档案划控上的应用［EB/OL］.［2024-05-26］. https：//www. saac. gov. cn/daj/kjcgtg/202402/11157ac402e34a1e958071268eae9bf5/files/d35c26d093f3459585ec84b94df961ef. pdf.

[4] 周友泉，连波，曹军. "浙里数字档案"重大应用场景实践："档案AI辅助开放鉴定"组件的性能与应用［J］. 浙江档案，2022（11）：22-24.

5.1.1 智能开放鉴定规则构建的依据不清

基于特征工程的模型构建要求审核规则必须明确、具体且可操作。在我国，档案部门主要依据《中华人民共和国档案法》《中华人民共和国档案法实施条例》《国家档案馆档案开放办法》《各级国家档案馆馆藏档案解密和划分控制使用范围的暂行规定》《中华人民共和国政府信息公开条例》等法律、行政法规和部门规章开展档案开放鉴定活动。然而，这些法规和规章中的许多条款描述较为模糊和抽象。例如，《中华人民共和国档案法》《国家档案馆档案开放办法》中均规定：经济、教育、科技、文化等类档案，经开放鉴定后可以提前向社会开放。这些档案类别缺乏清晰的界定，提前的时间长短也缺乏依据，无论是对于人类还是传统机器学习来讲，都很难把握类似的模糊性标准，这使得智能审核系统在解析这些规则时面临困难。例如，江西省档案馆就在研究中指出：根据实验，25 年档案封闭期、经济等类档案可提前开放等两条规则特征暂未找到可行的算法转换路线。[1] 但为了实现智能档案开放鉴定，各级档案馆还是尽可能尝试将模糊、抽象的审核标准转化为机器可理解的规则或算法，例如，江西省档案馆为辅助开放鉴定模型设置了 16 个揭示档案信息开放或敏感程度的特征维度[2]，江苏省档案馆结合《各级国家档案馆馆藏档案解密和划分控制使用范围的暂行规定》和专家经验构建了语义知识库。[3] 但此类做法依赖于精细化标准的设置，需要面向不同类型的档案资源创建不同的审核规则，无法完全将审核专家的"隐形经验"及综合审核思路转化成机器可理解的规则或算法，也不具备自我学习的能力，难以应对新情况和新问题。

5.1.2 智能开放鉴定训练数据的可获取性不强

当前基于机器学习的开放鉴定模型训练依赖大规模已标注的数据集，数据规

[1] 江西省档案馆. 基于结构化和文本数据的辅助开放鉴定模型应用［EB/OL］.［2024 - 05 - 26］. https：//www. saac. gov. cn/daj/kjcgtg/202402/b5c4d9ffa7c240b8b7904dc8a8b6ca3f/files/9cac981123d64c9fb94eb29e9704a25d. pdf.

[2] 毛海帆，李鹏达，傅培超，等. 基于数据挖掘技术构建辅助档案开放鉴定模型［J］. 中国档案，2022（12）：29 - 31.

[3] 李军，徐志国，王楠. 智能语义助推档案开放鉴定的研究与实践［J］. 中国档案，2023（11）：56 - 57.

模越大、质量越好,所训练出的模型准确率越高。[1] 但在数据规模方面,档案馆通常难以向技术公司提供大规模档案数据进行训练。一是因为训练所需的档案数据基本上处于待开放状态,其中不乏含有敏感信息的档案,存在不可忽视的泄密风险;二是因为许多档案馆的数字化成果质量参差不齐[2],尤其是手写体档案的 OCR 识别率较低,机器难以对档案原文进行读取和智能处理,导致开放鉴定模型的误判率较高。[3] 在数据质量方面,对大规模档案数据进行标注是一项耗时耗力且成本高昂的工作,绝大部分的档案数据缺乏有效标注,可用于机器学习的档案数据资源匮乏。[4] 此外,鉴于档案资源的多样性与内容的丰富性,通常需要为不同类型的数据构建具有特定特征的标注数据集。这一过程直接影响了人工智能模型训练的质量和效率,并在很大程度上延缓了人工智能技术在档案开放鉴定中的应用进程。

5.1.3　智能开放鉴定结论的可解释性不足

在训练档案开放鉴定模型时,通常会从精确率、召回率、F1 分数这三个维度对比人工审核与人工智能审核的效率和准确性[5],当人工智能的误差值稳定在一定范围内便能投入使用[6],但这些审核模型很难提供关于其决策过程的解释。一般而言,决策结果可验证或者决策过程透明的人工智能决策可信程度高。比如基于敏感词检测、基于特定文种、责任者等形式特征的规则决策[7]一般都较为可信,也是

[1] 杨建梁,刘越男. 机器学习在档案管理中的应用:进展与挑战 [J]. 档案学通讯,2019 (6):48 – 56.

[2] 赵丽军. 区县档案馆档案开放鉴定工作存在的主要问题及对策研究 [J]. 北京档案,2019 (1):35 – 37.

[3] 黄建峰,颜梓森,张枫旻,等. 福建:运用人工智能技术搭建开放鉴定模型 [J]. 中国档案,2023 (7):27 – 29.

[4] 毛海帆,李鹏达,傅培超,等. 基于数据挖掘技术构建辅助档案开放鉴定模型 [J]. 中国档案,2022 (12):29 – 31;HUMPHRIES G. Case study – external pilot – machine learning and records management [EB/ OL]. (2018 – 09 – 24) [2024 – 05 – 26]. https://futureproof. records. nsw. gov. au/case – study – external – pilot – machine – learning – and – records – management/.

[5] 代林序,张玉洁. 机器学习在档案管理中的应用与挑战:基于新南威尔士州档案馆机器学习实验的调查与启示 [J]. 档案与建设,2021 (5):42 – 47;HUTCHINSON T. Protecting privacy in the archives:supervised machine learning and born – digital records [C] //2018 IEEE International Conference on Big Data (Big Data). IEEE,2018:2696 – 2701.

[6] 王楠,丁原,李军. 语义层次网络在文书档案开放鉴定中的应用 [J]. 档案与建设,2022 (6):55 – 60.

[7] 江西省档案馆. 基于结构化和文本数据的辅助开放鉴定模型应用 [EB/OL]. [2024 – 05 – 26]. https:// www. saac. gov. cn/daj/kjcgtg/202402/b5c4d9ffa7c240b8b7904dc8a8b6ca3f/files/9cac981123d64c9fb94eb29e97 04a25d. pdf.

档案馆目前比较认可的方式，因为审核人员能根据提示快速验证人工智能决策是否可靠，但这种方式"不完全智能"，难以识别那些不依赖于特定关键词或形式特征的隐含敏感信息。而基于深度学习的模型，其决策过程多基于大规模数据集的模式识别，而非依赖于明确的规则或逻辑推理，其决策机制不能为用户所清晰地理解❶，这种"AI黑箱"现象是大部分档案管理者不信任人工智能的主要原因。❷例如，安徽省档案馆基于卷积神经网络的智能档案开放鉴定平台虽然会给出划控的原因，但原因并不明晰，仅通过这种简单的原因阐述："该档案满足划控小组给出的划控规则，所以判定该文件为控制"❸，审核者无法快速地掌握人工智能决策的过程和依据，导致参考结果的可信存疑，无法满足相关的监管要求。

5.2 大语言模型的特点与优势

大语言模型（large language model，LLM）通常是指包含数千亿（或更多）参数的预训练语言模型，能够理解和生成自然语言文本，能够像人一样进行知识推理，展现出超越传统深度学习模型的能力。❹档案开放鉴定作为一项对于语言处理能力和可靠性要求极高的任务，大语言模型的出现为智能档案开放鉴定带来了新的机遇。

5.2.1 大模型具备理解复杂开放鉴定规则的能力

大语言模型具备强大的语义理解能力，能够深入理解文本的意义、上下文含义，以及语句之间的逻辑关系，分析和解释复杂的审核规则和档案内容。这种能

❶ VON ESCHENBACH W J. Transparency and the black box problem：why we do not trust AI［J］. Philosophy & Technology，2021，34（4）：1607－1622.

❷ JAILLANT L，REES A. Applying AI to digital archives：trust，collaboration and shared professional ethics［J］. Digital Scholarship in the Humanities，2023，38（2）：571－585.

❸ 安徽省档案馆. 人工智能技术在档案划控上的应用［EB/OL］.［2024－05－26］. https：//www.saac. gov.cn/daj/kjcgtg/202402/11157ac402e34a1e958071268eae9bf5/files/d35c26d093f3459585ec84b94df961ef.pdf.

❹ ZHAO W X，ZHOU K，LI J，et al. A survey of large language models［EB/OL］.［2023－11－03］. https：// arxiv.org/abs/2303.18223.

力主要来源于两个方面：一是大语言模型通常采用深度学习的架构，如 Transformer 架构，这种架构通过自注意力（self‑attention）机制能够有效地捕捉文本中的每个元素与其他元素之间的关系，擅长处理语言文本中的复杂结构和关系，从而增强了模型对语义的理解和生成能力。❶ 二是大语言模型在海量的文本数据上进行预训练，这些数据覆盖了广泛的主题、风格和语境，有助于模型学习复杂的语言规律、词义和语境之间的微妙关系，从而使大语言模型具备了理解丰富语义信息的能力。

在处理复杂的档案开放鉴定任务时，大语言模型展现出显著的优势。一方面，模型能够理解人类自然语言的审核指令，并能综合分析词语在特定上下文中的具体含义和隐含情感，从而更准确地判断档案内容的敏感性，这一能力有效克服了传统规则匹配方法的机械性和局限性。另一方面，通过大量无监督学习，大语言模型能够识别敏感信息与审核规则之间的复杂关系，并具备强大的泛化能力，超越了以往特征工程的限制。在缺乏明确标签规则的情况下，模型仍能在当前政治、社会和文化背景下较为准确地评估档案内容是否适宜公开，从而实现智能化的档案审核。

5.2.2　大模型具备低资源场景下的问题解决能力

大模型具备低资源场景下的问题解决能力是指大模型能够运用从大规模数据集中学习到的知识和泛化能力，在资源有限的情况下有效处理和解决各种问题。因为大模型被誉为零样本推理者（zero‑shot reasoners），即在不对模型参数进行调整的情况下，所以大语言模型可以根据任务提示（task prompt）在多种下游任务中表现出优异的性能。❷ 这种零样本学习能力使大语言模型摆脱了对于大规模标记数据的依赖，而是通过理解和推理任务提示中的语言来直接执行任务，这种能力能够有效解决大部分档案馆面临的计算资源限制、数据稀缺、模型部署困难等问题。通过提示工程（prompt engineering）和上下文学习（in‑context learning），用户可以引导模型更准确地理解任务意图和输出要求，而无需为不同类型的审核任务构建大量专用的训练数据集。这不仅有助于保障信息安全，而且可以有效简化模型

---

❶ VASWANI A, SHAZEER N, PARMAR N, et al. Attention is all you need ［EB/OL］. ［2023 – 11 – 03］. https：//arxiv. org/abs/1706. 03762.

❷ KOJIMA T, GU S S, REID M, et al. Large language models are zero‑shot reasoners ［EB/OL］. ［2023 – 11 – 03］. https：//arxiv. org/abs/2205. 11916.

的使用过程。这些技术优势使人工智能的快速部署和应用成为可能，尤其适合资源有限或无法提供大量标注数据的档案机构。

首先，用户可以直接用自然语言表达关于档案审核的任务提示，大语言模型便能够利用其在预训练阶段学习的知识来理解任务需求，并进行相应的信息处理和判断。例如，模型可以被直接要求识别出档案中的个人信息以决定其是否适合公开，或者评估档案内容的敏感程度以划分其安全级别。其次，通过精心设计的任务提示，用户可以更精确地引导大语言模型完成更为复杂的任务，如计算档案的情感分数、提取档案中的关键日期和事件、自动生成档案摘要等，从而辅助决策者快速把握档案的核心内容和敏感程度，为最终的开放决策提供依据。这不仅能够大幅减少人工审核的负担，而且能提高审核过程的标准化和一致性。

5.2.3 大模型具备档案开放鉴定结果的解释能力

相较于以往的"AI黑箱"，大语言模型具备了一定的可解释性，它能够生成自然语言来表达其逻辑过程，这种输出在某种程度上可以反映模型的"思考"过程。但值得注意的是，这并不意味着人类能够完全透视和理解模型内部的所有工作机制。这种可解释性主要体现在模型能够提供关于其决策过程的见解，使得审核人员不仅能看到模型的输出结果，还能理解模型如何得出结论。对于档案开放鉴定这一高度依赖于准确性和透明度的任务而言，模型的可解释性尤其重要，因为它提高了审核过程的透明度，所以提高了利益相关方对于审核结果的信任度。

具体而言，大语言模型可以通过生成中间步骤的解释、突出影响决策的关键信息点，或者以问答的形式直接展现决策依据。例如，在判断档案中是否包含敏感信息并决定是否公开时，大语言模型不仅能给出其建议的分类，还能呈现出哪些档案信息促成了这一决策。这样，审核人员可以更容易地验证模型的决策是否符合实际情况，并在必要时进行人工干预或调整。此外，通过分析模型的决策路径，审核人员可以更好地理解模型存在的偏差或不足之处，为模型的进一步训练和优化提供依据，这对于应对复杂多变的档案开放鉴定工作任务至关重要。

<table>
<tr><td>5.3</td><td>基于大语言模型的档案开放鉴定任务框架</td></tr>
</table>

大语言模型作为一种突破性技术,其在档案开放鉴定中的应用将对以往的工作流程和工作方法造成影响。基于大语言模型的档案开放鉴定任务框架明确了目标任务和发展空间,主要包括制度建设层、档案资源层、大模型技术层、信息系统层、人机交互层这五个层面。基于大语言模型的档案开放鉴定任务框架如图 5 – 1 所示。

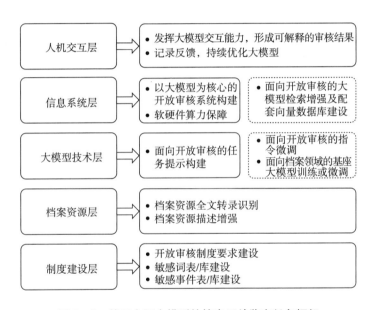

图 5 – 1　基于大语言模型的档案开放鉴定任务框架

5.3.1　制度建设层

制度建设是确保大语言模型在档案开放鉴定工作中的应用合法、合规、透明的基础,也是技术效益最大化的同时控制风险的关键。以往的档案开放鉴定制度主要是围绕人类审核活动进行的规范,引入大语言模型技术之后,需要针对自动化和人工复核相结合的开放鉴定模式重新设计审核流程,制定相应的错误检测和纠正机制,确保人机协同审核结果的准确性和可靠性。同时,针对应用过程中可能涉及的数据安全、人工智能伦理、技术透明度等问题进行预防性规范。此外，虽然大语言模型不再依赖于专家特征工程的构建，但对于划控边界模糊的情况，可以借助大语言模型构建敏感词表（库）、敏感事件表（库），通过提供例证的方式丰富审核人员或审核程序的经验知识，降低不当开放的风险。

5.3.2　档案资源层

档案资源是大语言模型在档案开放鉴定工作中的数据来源和训练基础，也是确保模型输出具有准确性和公正性的关键。首先，需要对档案资源全文进行转录识别。因为大语言模型无法直接处理海量的档案扫描件、语音、视频等非结构化内容，所以需要通过 OCR、语音识别等技术，将多模态非结构化的档案资源转化为可供模型读取和处理的数字文本格式，档案数据化质量的高低直接影响模型审核的准确性。其次，对转录后的档案资源进行描述增强。描述增强是指对档案的内容数据和元数据进行标注，便于机器理解和再组织。借助大语言模型，可以为待开放鉴定对象添加摘要、敏感词、敏感事件、敏感程度等多维信息标签，进一步确保审核结果的准确性和客观性。

5.3.3　大模型技术层

大模型技术层是大语言模型在档案开放鉴定工作中的核心处理机制，也是提升智能档案开放鉴定效率的关键。一般而言，大语言模型作为通用的预训练语言模型，可以直接通过构建特定的提示执行档案开放鉴定任务，也可以通过不断学习历史审核数据来适应特定的审核需求和标准，在不同类型的档案审核任务上适应性较强，智能化程度较高。条件允许的档案馆还可以开展面向开放鉴定任务的指令微调或面向档案领域的基座大模型训练或微调。前者是指为大模型提供定制化的指令集，训练模型识别特定的法律术语、历史事件或文化背景，使其能够更精确地理解档案审核的专业需求。后者是指在档案领域的语料库上对模型进行进一步训练，使其更好地适应档案审核的特定语境，增强模型对档案和档案工作的理解，从而提升大语言模型面对复杂审核任务的响应能力。

5.3.4　信息系统层

信息系统层的核心是构建一个以大语言模型为基础的智能档案开放鉴定系统，该系统以强大的软硬件算力为保障。需要结合档案开放鉴定的制度要求设计一套基于大模型的智能档案开放鉴定系统。设计系统架构时可以采用模块化思路，分为数据接入层、处理层和接口层。数据接入层负责收集和输入档案数据，处理层使用大语言模型检测档案数据中的敏感信息，接口层则为审核人员提供一个直观的操作界面，支持人工干预和审核结果的最终确认。条件允许的档案馆还可以引入检索增强（retrieval augmented generation，RAG）技术、建设配套的向量数据库，使系统可以快速检索或生成与档案开放鉴定高度相关的参考信息，有效支持智能审核的决策过程，提高审核质量。此外，需要重视信息系统的安全防护措施，通过数据加密、访问控制和安全审核日志等手段确保档案数据的安全性和访问的合法性。

5.3.5　人机交互层

人机交互层是档案馆员与审核系统之间进行交流、协作的接口层，旨在方便档案馆员与系统协同开展档案开放鉴定工作，确保审核结果的可解释性和系统的持续优化。馆员交互层应该充分发挥大语言模型的交互能力，档案馆员可以通过自然语言命令要求大语言模型提供关于其决策过程的解释。通过洞察模型的决策逻辑或依据，档案馆员能够对模型的可靠性和公正性进行评估，从而在必要时进行有效的干预和调整。因此，该层还应内置一套反馈和修正机制，允许馆员就审核结果中的错误判断或信息遗漏等问题提出反馈，这些反馈信息将直接用于调整和优化大语言模型。这种基于用户反馈的迭代优化，确保系统能够更加精准地满足档案审核的实际需求，并适应不断变化的审核标准和要求。馆员交互层加强了审核人员对于智能审核的控制，也进一步增强了理解和信任。

5.4 基于大语言模型提示工程的档案开放鉴定技术路径

技术路径是实现任务框架的具体方法和步骤，与传统的有监督学习方法相比，基于大语言模型提示工程的档案开放鉴定技术路径的优势在于其对无监督学习的运用，该技术路径如图 5 - 2 所示。提示工程是一种新兴的自然语言处理技术，它通过设计精心构造的提示，引导大模型生成特定任务的输出，能够在无需大量标注数据集的前提下实现对档案内容的深入理解和智能审核。

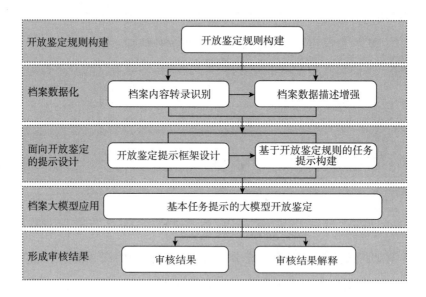

图 5 - 2 基于大语言模型提示工程的档案开放鉴定技术路径

5.4.1 开放鉴定规则构建

规则构建是确保智能档案开放鉴定过程公正、透明、一致的基本前提。在基于大语言模型的档案开放鉴定技术路径中，规则构建主要通过以下三种途径实现：一是利用大模型的预训练知识。大语言模型在预训练阶段已经吸收了大量关于隐私保护、数据安全等方面的知识，这种底层知识使大模型具备识别敏感信息的基本能力。二是融入档案领域的具体规定。档案开放鉴定规则的制定需要遵循相关的法律法规或者政策规范，将这些具体规定集成到审核系统中可以确保审核过程的合法合规性。三是从审核实例中提取规则。大语言模型具备强大的学习和适应能力，可以从实际的审核案例中理解并掌握那些未明确表述的审核规则，逐渐优化其审核标准和过程。

5.4.2　档案数据化

档案数据化是进行智能档案开放鉴定的基础条件保障。档案数据化的核心目标是让计算机能够读取和理解档案内容，主要通过对档案内容的转录识别和档案数据的描述增强完成。在大模型广泛应用之前，有学者认为转录之后的数据仍然是非语义的，需要进一步标注，从语义层面对其进行分析、序化、聚类和关联，机器才能理解数据的含义。不过，由于大模型具备强大的自然语言理解能力，一般情况下，利用 OCR 技术将纸质档案的数字扫描件或版式电子文件（如 PDF）转换成机器可读的文本格式，通过图片标注、语音转录等技术将图片、音视频信息亦转换为文本，大模型便可对档案内容的语义进行理解和分析，并且结合档案开放鉴定规则进行划控。当然，经过一段时间的训练，也可以借助大语言模型为待开放鉴定档案添加敏感词、敏感程度等信息标签，通过描述增强来进一步提高工作效率和质量。

5.4.3　面向开放鉴定的提示设计

面向开放鉴定的提示设计是应用大模型进行智能档案开放鉴定的关键步骤，旨在确保大模型准确地理解和执行审核任务。提示（prompt）是一种基于文本的输入，它被输入到语言模型中以指导其输出，其主要目的是为语言模型提供指令和语境，以实现预期任务。提示工程（prompt engineering）是指通过设计和优化提示指导语言模型高效完成特定任务的实践。提示通常由一组指令组成，如输入数据、上下文信息和输出指示，通过精心设计提示，用户可以更好地引导语言模型理解和回应各种自然语言处理任务。❶ 这种方法避免了耗时的模型训练或微调过程，减

---

❶ MARVIN G，HELLEN N，JJINGO D，et al. Prompt engineering in large language models ［C］//International conference on data intelligence and cognitive informatics. Singapore：Springer Nature Singapore，2023：387－402.

少了对计算资源的依赖，有效提升了语言模型的灵活性和泛化能力。

5.4.3.1 常见的提示框架

设计有效的提示框架不仅要求对模型的行为和响应机制有着深入理解，而且要求设计者熟悉相关专业领域的知识，统筹考虑模型的特性和应用场景的具体需求。然而，大型语言模型没有固定的操作手册，其内部运作机制也不够透明，加之专业知识和实际问题错综复杂。因此，开发有效的提示框架通常需要依赖于专业知识的应用、系统的实验探索，以及一定程度的直觉判断，并且通过不断验证。目前常见的提示框架有 ICIO 框架、CRISPE 框架、RASCEF 框架，以及思维链（chain of thought，COT）提示框架。

（1）ICIO 框架

ICIO 框架由输入（input）、上下文（context）、指令（instruction）和输出（output）组成，适用于有明确指令和背景信息的任务，如文档分类、信息抽取、数据标记等。

①输入：提供给系统的原始数据或信息。

②上下文：提供关于输入数据的相关背景信息，帮助系统更好地理解所输入数据的意义和用途。

③指令：明确告诉模型要执行的具体操作或任务说明。

④输出：告知模型用户所期望的结果形式。

（2）CRISPE 框架

CRISPE 框架由能力与角色（capacity and role）、洞察力（insight）、任务（statement）、个性（personality）、实验（experiment）组成，强调如何在给定的上下文中合成和推理信息来构建有效的提示，适用于高度定制化和有复杂背景信息的任务。

①能力与角色：定义人工智能在特定任务中的能力和角色目标。

②洞察力：提供足够的背景信息和上下文信息，让大语言模型更好地理解任务。

③任务：清晰地陈述问题或需求。

④个性：提供用户所期待的回复风格或形式。

⑤实验：请求 AI 提供多种可能的答案或解决方案选项。

（3）RASCEF 框架

RASCEF 框架由角色（role）、行动（action）、步骤（steps）、上下文（context）、

示例（example）、格式（format）组成，强调任务的拆解并且关注上下文背景信息，适用于需要系统化处理的复杂任务或个性化任务。

①角色：定义了人工智能在特定情境中应扮演的角色。

②行动：描述了人工智能需要执行的具体任务或活动。

③步骤：规定了完成指定行动的详细步骤，为人工智能提供具体的操作指南，从而确保任务的执行符合预期流程。

④上下文：提供了执行任务所需的背景信息或具体情境。这些信息有助于人工智能理解任务的环境和需求，使其输出更具针对性和相关性。

⑤示例：给出具体的实例或案例，用于阐明所预期的语气、思维方式或写作风格等。示例可以帮助人工智能理解如何在类似情境中应用规则或风格。

⑥格式：规定了人工智能输出的形式或结构。

（4）思维链提示框架

思维链提示框架通常由指令（instruction）、推理依据（reason）、示例（example）组成，旨在通过一系列推理步骤引导大语言模型解决问题，类似于人类的思考过程，适用于对模型的推理能力和可解释性有较高要求的任务。

①指令：明确描述问题或任务，并设定人工智能模型输出的格式要求。指令部分提供了任务的具体背景信息，并告知模型如何组织其回答，以确保生成的内容符合预期。

②推理依据：要求模型展示解决问题的推理过程。

③示例：通过少量的示例，帮助模型更好地模拟推理过程。

5.4.3.2　面向开放鉴定的提示框架

由于档案类型丰富多样，档案中所涉及的敏感信息也各不相同，需要通过不同的提示框架提升大语言模型的专有能力，从而提高具体审核任务的效率和准确性。以检测档案中所含敏感个人信息为例，提示工程的具体构建步骤如下。

第一步：确定档案中所含敏感个人信息的类型。

①个人姓名：这是最为直接且关键的个人识别形式。

②个人身份识别码：包括各种唯一的标识符，例如身份证号码、驾驶证号码、护照号码等。

③电话号码：通常与个人或家庭直接相关。

④家庭住址：可能暴露个人行踪。

⑤家庭成员信息：可能揭示亲属关系和家庭结构。

⑥其他可能识别个人的信息：综合这些信息可以识别出特定的个人。

第二步：构建 CRSRF 提示框架。

有效的提示框架不仅需要明确模型的任务，而且要确保模型能够深刻理解任务内容并且具有可解释性。受当前主流的提示框架启发，结合档案开放鉴定的实践要求，构建一个名为"CRSRF"的提示框架，由能力与角色（capacity and role）、任务（statement）、原因（reason）、格式（format）组成。

①能力与角色：这一部分定义了模型应具备的能力和所扮演的角色，需要明确模型需要哪些技能和知识，以便有效地完成指定任务。可以以这样的提示词开头："作为一名档案开放鉴定助手……"

②任务：这一部分明确了模型需要完成的具体任务，如明确大语言模型应该识别的个人信息类型。提示词示例："你的任务是分析所提供的档案内容，识别和标记出其中可能包含的敏感个人信息，如姓名、个人身份识别码、电话号码、家庭住址、家庭成员信息，以及其他可能识别出个人的信息。"

③原因：这一部分为任务提供了背景信息或理由说明，如强调个人信息保护的重要性，这样可以增强模型所输出结果与任务意图的一致性。提示词示例："如果这些个人信息被泄露，可能会损害个人的隐私和安全，识别这些信息对于确保档案的机密性和完整性至关重要。"

④格式：这一部分规定了模型输出结果的格式。鉴于是结构化数据，列表形式更方便阅读。提示词示例："请以列表格式呈现已识别的个人信息，以'姓名''个人身份识别码''电话号码''家庭住址'和'家庭成员'等类别作为键。"

第三步：提供基于 CRSRF 提示框架的示例。

除了构建能够清晰表述任务的提示，在提示中提供与任务相关的上下文示例同样重要，以帮助大语言模型更准确地把握任务细节和实际应用场景。通过具体的示例参考，可以显著增强大语言模型识别个人信息的能力。示例的提示词如下。

请在识别档案中的个人信息时将这些示例作为您回答的基准：

提问：在审计过程中，我们回顾了罗某某的工作经历，她于 2015 年 3 月 5 日开始在此处任职，对营销部门贡献巨大。罗某某的身份证号码是 340102×××××××0000，曾居住在浙江省某某街×号×××号公寓，邮编：12345。

回答：

包含个人信息：1

姓名：罗某某

身份证号：340102×××××××0000

地址：浙江省某某街×号×××号公寓，邮编：12345

原因：检测到所提供的文本包含了特定的个人标识信息，如个人的
姓名、身份证号码和居住地址，这些信息可用于唯一识别和定位个人，
从而确认该档案中包含个人信息。

将具体示例嵌入 CRSRF 提示框架是提升模型能力的重要步骤，这种方法不仅
有助于大语言模型在不同的上下文中应用相同的识别标准，而且能通过示例学习
和掌握更多潜在的识别技能，从而更准确地识别出各种档案中包含的个人信息。

5.4.4　档案大模型应用

档案大模型应用是指将大模型的能力应用于档案开放鉴定任务之中，其核心
是通过提示工程将大语言模型所具备的能力与具体的审核任务要求结合起来。基
于任务提示的大模型开放鉴定强调通过精确的任务提示引导大模型关注审核过程
中的关键要素，如个人信息、敏感数据或需要公开的信息类型。其次根据相关规
则要求对这些信息进行标记或隔离。这种基于任务提示的方法，一方面有助于针
对特定的审核需求提供定制化的解决方案，另一方面能够通过反馈机制促使大模
型持续优化，从而更好地适应动态的政策环境。通过不断地从实际应用中学习和
适应，大模型可以变得更加精准和可靠，为档案开放鉴定提供更加智能化的支持。

5.4.5　形成审核结果

形成审核结果是整个技术路径的最终目标，涉及大模型的输出和解释。审核
结果的内容是衡量大模型在档案开放鉴定的应用中是否可靠的直接依据，通常由
敏感信息识别结果、决策建议、不确定性说明、推理过程等部分组成。首先，大
模型需要识别档案中所包含的敏感信息。其次，给出是否进行开放的划控意见；
对于模型判断不确定性较高的情况，提供额外的分析和建议，以便人工介入和复

核。最后，解释其推理过程，说明智能审核决策背后的逻辑和规则依据，帮助审核人员理解和评估大模型的决策过程，以提高审核过程的透明度，增强档案管理人员对智能审核工具的信任。

5.5 基于大语言模型的开放鉴定实验

为了检测大语言模型在识别个人信息时的有效性，基于 CRSRF 提示框架构建的提示词的应用效果，笔者对基于 BERT 微调模型、基于通用大语言模型、应用提示工程的大语言模型的个人信息识别效果进行了对比。

5.5.1 测试数据集说明

笔者专门构建了三个不同特征的数据集，数据集信息如表 5-1 所示。

表 5-1 数据集信息　　　　　　　　　　　　　　　　单位：个

类型	数据集 I	数据集 II	数据集 III
样本总数	180	120	300
正样本数	90	60	150
负样本数	90	60	150
平均 Token 数	445.3	517.3	474.1

（1）数据集 I

该数据集包含 180 个样本，专门包含个人姓名或个人身份识别码（如身份证号码、驾驶证号码、护照号等）。为了确保数据集的平衡，该数据集被均匀分配为 90 个正样本（包含上述个人信息）和 90 个负样本（不包含上述个人信息）。

（2）数据集 II

这是一个稍小的数据集，共有 120 个样本，主要关注包含电话号码、家庭地址和家庭成员信息的数据。同样，为了确保数据集的平衡，其中 60 个样本为正样本，另外 60 个样本为负样本。

（3）数据集Ⅲ

这是最为全面的数据集，包含 300 个样本，结合了前述数据集的特征。它包括个人姓名、个人身份识别码、电话号码、家庭地址和家庭成员信息等。为了保持一致性并避免引入偏差，也将该数据集平均分为 150 个正样本和 150 个负样本。

5.5.2　评估指标说明

系统输出的准确性和可靠性取决于评估指标的有效性。在个人信息检测领域，假阴性可能导致个人信息泄露，而假阳性则可能将正常信息误判为个人信息，从而影响档案开放的程度。为了全面而准确地评估检测系统的性能，笔者选择了一套科学的评估指标。这些指标不仅能够衡量系统在识别个人信息方面的准确性，而且能帮助我们分析其在实际应用中的表现和局限性。

准确度：预测正确样本占总样本数的比例。由于数据集的平衡特性，因此准确度可以作为衡量模型整体性能的直接指标，其计算公式如下：

$$准确度（Accuracy）= \frac{TP + TN}{TP + TN + FP + FN} \qquad （式1）$$

其中，TP 指被正确预测为正例的样本数，TN 指被正确预测为负例的样本数，FP 指被错误预测为正例的样本数，FN 指被错误预测为负例的样本数。

精确率：精确率衡量的是所有被预测为正例的样本中，实际为正例的比例。它计算真正例与真正例和假阳例的总和的比率。高精确率表明模型在识别正例时的准确性较高，能够减少虚假的正例警报，其计算公式如下：

$$精确率（Precision）= \frac{TP}{TP + FP} \qquad （式2）$$

召回率：召回率评估的是所有实际为正例的样本中，被正确识别为正例的比例。它计算真正例与真正例和假阴例的总和的比率。高召回率表示模型能够识别出更多的正例，减少漏检的情况，从而提高了对实际存在的个人信息的检测能力，其计算公式如下：

$$召回率（Recall）= \frac{TP}{TP + FN} \qquad （式3）$$

F1 分数：F1 分数综合了精确率和召回率，作为两者的调和均值。它在精确率和召回率之间取得平衡，特别是在这两者同等重要的情况下，是一个重要的评估指标，其计算公式如下：

$$F1 = \frac{2 \times 精确率 \times 召回率}{精确率 + 召回率} \qquad (式4)$$

5.5.3 实验环境设置

为了满足档案的相关监管要求，该研究需要在一个安全受控的环境中进行。该实验选择的是在安全的局域网内使用开源大语言模型 ChatGLM2 – 6B。❶ ChatGLM2 – 6B 是一个双语（中英文）语料库训练的大语言模型，公开可用，部署和推理时大约需要 8GB 的显存，档案机构硬件基础设施符合这一要求。该模型采用 PyTorch 框架和 Hugging Face 的管道进行实现与部署，也没有经过个人信息检测任务的预训练或微调，完全在无监督的环境下运行。

为了评估 ChatGLM2 – 6B 模型的有效性，笔者设计了一个基于 BERT 的基线模型。该基线模型在数据集 Ⅲ 上进行了特定的微调，并在三个不同的数据集（Dataset Ⅰ ~ Ⅲ）上进行了评估。其中，数据集被划分为训练集和测试集，其中训练集占 80%，测试集占 20%。训练的主要目标是判断档案中是否包含个人信息，将其设定为一个二分类问题。学习率设置为 $1e^{-5}$，并采用了早停机制以降低过拟合的风险。

上述实验设置为无监督的大型模型和有监督的基线模型提供了严格的测试条件，可以确保在安全可控的环境下对它们的个人信息检测能力进行全面评估。

5.5.4 实验结果

个人信息检测的实证结果如表 5 – 2 所示，其展示了不同个人信息识别方法在三个数据集上的表现。其中，将经过训练数据有监督微调的 BERT 模型作为基准，用于与各种配置下的无监督大语言模型进行比较。

LLM – Doc 是直接利用无监督的大语言模型识别完整的档案内容，只使用简单的提示，如"请判断是否存在个人隐私信息"；LLM – Sent 方法是将档案内容拆分成单独的句子，然后用类似的简要提示让大语言模型来识别；LLM – Doc – CRSRF

---

❶ DU Z, QIAN Y, LIU X, et al. Glm: general language model pretraining with autoregressive blank infilling [EB/OL]. [2023 – 11 – 03]. https: //arxiv. org/abs/2103. 10360.

和 LLM – Sent – CRSRF 方法则使用了第 5.3.2 节介绍的 CRSRF 提示框架进行个人信息识别。在这些方法中，大语言模型不仅需要判断整个文档或每个句子中是否存在个人信息，而且要识别出个人信息的类型并提供判断理由。表 5 – 2 中的实证结果反映了模型在各数据集上的准确度、精确率、召回率和 F1 分数。

表 5 – 2　个人信息检测的实证结果

模型	数据集	准确率	精确率	召回率	F1 分数
BERT 模型（微调，有监督）	数据集 I	87.78%	89.53%	85.56%	87.50%
	数据集 II	85.00%	90.38%	78.33%	83.93%
	数据集 III	88.00%	91.30%	84.00%	87.50%
LLM – Doc	数据集 I	87.22%	89.41%	84.44%	86.86%
	数据集 II	81.67%	82.76%	80.00%	81.36%
	数据集 III	80.33%	82.27%	77.33%	79.73%
LLM – Sent	数据集 I	88.33%	88.76%	87.78%	88.27%
	数据集 II	83.33%	85.71%	80.00%	82.76%
	数据集 III	81.33%	80.92%	82.00%	81.46%
LLM – Doc – CRSRF	数据集 I	92.78%	91.40%	94.44%	92.90%
	数据集 II	87.50%	86.89%	88.33%	87.60%
	数据集 III	88.33%	89.66%	86.67%	88.14%
LLM – Sent – CRSRF	数据集 I	92.22%	95.24%	88.89%	91.95%
	数据集 II	89.17%	89.83%	88.33%	89.08%
	数据集 III	89.33%	89.86%	88.67%	89.26%

从实验结果数据中可以看出，经过微调且有监督的 BERT 模型在三类型数据集上都表现优异，其 F1 分数均高于 83%，表明了有监督学习在个人信息检测中的有效性。相比之下，未经特定任务训练的无监督 LLM – Doc 和 LLM – Sent 方法在数据集 II 和数据集 III 的精确率和召回率方面，性能明显下降。但应用了提示工程的 LLM – Doc – CRSRF 和 LLM – Sent – CRSRF 方法在所有指标上都取得了显著的提升。特别是在数据集 I 上，LLM – Doc – CRSRF 和 LLM – Sent – CRSRF 的 F1 分数显著高于有监督微调的 BERT 模型。这是因为结构化提示为大语言模型提供了更明确的上下文，能够帮助其更好地理解任务意图，从而更准确地识别出档案中所含个人信息，展现了提示工程在提升无监督模型性能方面的巨大潜力。

5.6 大语言模型在智能档案开放鉴定的应用实践

笔者还进一步研究了大语言模型在档案开放鉴定中的应用优势和应用方法。一是利用真实档案测试大语言模型检测档案中所含个人敏感信息的能力，二是面向档案开放鉴定的工作要求构建基于大语言模型的智能档案开放鉴定系统。

5.6.1 大语言模型检测个人敏感信息的效果

笔者与浙江省杭州市档案馆合作，获取了两段真实档案材料，其中一段含有个人信息，一段不含个人信息，分别使用 BERT 模型和大语言模型进行检测，返回的结果如表 5 - 3 所示。

表 5 - 3 BERT 模型和大语言模型检测个人信息的对比分析

案例	内容（脱敏后）	BERT 返回结果	LLM 返回结果
正例	我们很高兴正式介绍张杰先生，他将开始在第三纺织厂工作。张先生来自浙江慈溪，目前居住在杭州市××区×××街×××社区。他是××纺织厂工作了六年，是我们团队中的重要成员。凭借其较高的学历背景、出色的工作能力和始终如一的积极态度，张先生表现非常出色。我们热切期待他在新岗位上的表现，并欢迎他的加入	真	包含个人信息：真 姓名：张杰 身份证号：×××××××××××××× 地址：杭州市××区×××街×××社区 原因：该档案内容包含个人信息，因为它包含了可识别的个人详细信息，如姓名、身份证号码和地址
负例	在全体会议上，我们讨论了员工绩效指标在过去一个季度的提升情况。我们还讨论了在接下来的几个月中保持高生产力水平的策略。今年的员工创新计划激发了许多创意，这些创意有望优化操作流程	假	包含个人信息：假 原因：该文本不包含可识别的个人信息，例如姓名、身份证号码、地址或其他可能识别个人的信息

从该案例中可以看出，相较于有监督微调的 BERT 模型，大语言模型在可解释性和无监督方面的优势更符合档案部门的监管要求。一方面，大语言模型会明确指出档案中所含的个人信息类型，如姓名、身份证号码和地址，并且解释其分类理由，帮助档案管理员理解其自动决策机制，而提升档案管理的透明度和决策质量。另一方面，大语言模型无需针对特定任务的数据集进行专门训练，这不仅减少了对大量标注数据的需求，而且降低了系统部署的成本和复杂度，特别是在隐私敏感的档案工作环境中尤为重要。此外，大语言模型的无监督特性使其可以应对各种不同的档案类型，具备更强的适应性和灵活性。由此可见，在智能档案开放鉴定中应用大语言模型，不仅能够提高敏感检测的准确性，而且能够确保处理过程的透明和高效。

5.6.2　智能档案开放鉴定系统的构建

基于第 5.3 节和第 5.4 节的任务框架和技术路径，笔者发现，在档案管理系统中嵌入大语言模型辅助智能档案开放鉴定，这主要通过应用程序开发接口（application programming interface，API）的对接实现。在确保大语言模型可以访问和处理档案数据之后，可以使用提示工程来优化模型的表现。通过精确的提示指令，引导模型识别和分类敏感信息，从而提高其审核的准确性和效率。此外，该系统还应包含反馈机制，通过人工审核的结果不断调整和优化模型，以提高其在不同档案类型和场景中的表现。具体的输出界面设计可参考图 5-3，该审核结果页面包含档案元数据区域、档案文本区域、大语言模型分析结果区域、审核结果区域、人工智能审核结果解释区域、敏感性雷达图区域等内容。这些可解释性内容的集成使得档案审核人员能够深入理解人工智能系统的判断依据，便于其快速评估人工智能决策的可靠性和准确性，并在必要时进行人工干预。这有效提升了智能开放鉴定的可解释性和可信程度，能够为档案开放鉴定工作带来实质性的进步。

（a）开放审核结果

（b）审核结果区域

图 5 – 3　基于大语言模型的智能档案开放鉴定界面

5.7　大语言模型存在的问题

5.7.1　泛化能力有待突破

泛化能力指的是模型在面对未见过的数据或任务时，能够有效适应并作出准确预测的能力，泛化能力的强弱直接影响大语言模型在多样化场景中的表现。一个理想的模型不仅在训练数据上表现良好，而且能够在实际应用中应对各种新颖和复杂的任务。但大语言模型通常是在大规模的通用数据集上进行训练，这些数据集可能无法完全覆盖特定领域的知识和需求，也常常滞后于最新的领域发展。例如，由于档案内容丰富多样，因此用于检测人事档案中所含敏感信息的大语言模型在检测建设项目档案时的准确率会有所下降。虽然这种情况可以通过提示工程得到改善，但需要额外花费一定的人力和财力，不够智能和便捷。此外，尽管大语言模型在许多自然语言处理任务中表现出色，但在处理复杂的上下文、隐喻或模棱两可的语言时，仍有可能出现误解或偏差，这些都是有待突破的空间。

5.7.2　AI 幻觉有待消除

AI 幻觉（AI hallucination）是指大语言模型在生成文本时，可能会无中生有地生成不真实或不准确的信息。虽然这些信息看似有说服力，但它们并没有经过外部验证或事实核查，很有可能都不是基于真实的数据或事实产生的，从而导致"一本正经地胡言乱语"现象的出现。AI 幻觉的根源在于模型的训练方式和生成机制。大语言模型是通过预测下一个词来生成文本，这种预测是基于训练数据中的概率分布，而非准确的事实信息。因此，当大语言模型在生成文本时，它可能会基于数据中存在的偏差、噪声或错误生成不准确的信息，这种现象在模型面临复杂、模糊或不完全的问题时尤为突出。尽管一些大语言模型能够提供一定程度的解释或理由，但其内部决策机制往往不够透明，这种"黑箱"特性使得用户难以理解模型的推理过程，从而影响对模型结果的信任。AI 幻觉之所以引发人们的警觉，是因为它不仅可能导致信息的误导，而且可能在实际应用中导致不可挽回的严重后果，如医学诊断领域。

5.7.3　运行成本居高不下

大语言模型的运行成本不仅包括训练模型的费用，而且涉及模型的部署、维护以及实际应用中的资源消耗，这对于大多数企业和研究机构而言是一个巨大的负担。以 GPT-3 为例，英伟达公司曾透露训练这个拥有 1750 亿参数的模型需要大约 34 天的时间，过程中需要用到 1024 张 A100 GPU 芯片，而单次训练的成本则高达 1200 万美元。❶ 除了需要消耗大量的计算资源和存储空间，也有巨大的能源损耗，给环境造成了巨大负担。据报道，仅训练一次 GPT-4 所需的 GPU 用电量就达到了 2.4 亿度，如果将这些电能转化为热能，可将大约 1000 个奥运会标准游泳池的水量加热到沸腾。❷ 大部分企业和研究机构难以承担大语言模型的训练和运

---

❶ 钛媒体. GPTs 的背后，不仅是上千张 GPU［EB/OL］.（2023-11-07）［2024-08-20］. https：//baiji-ahao. baidu. com/s？id=1781883173166396211.

❷ 中国科协科普部. 一次训练就消耗 2.4 亿度电！AI 正在耗干全球电力？［EB/OL］.（2024-05-16）［2024-08-20］. https：//www. thepaper. cn/newsDetail_ forward_ 27399353.

营成本，而选择从大模型 API 提供商，费用依旧昂贵。例如，OpenAI 公司对每百万输入 Token 的收费为 1 美元，每百万输出 Token 的收费为 2 美元。❶ 随着使用量和请求频率的增加，API 费用可能会迅速累积，对长期使用者来说，这同样是一笔不小的开支，使用成本在很大程度上限制了大模型的应用和技术创新。

5.7.4 社会争议亟待解决

随着大语言模型在各种领域中的广泛应用，其带来的社会争议和伦理问题也逐渐成为公众关注的焦点。这些争议不仅涉及技术本身的风险，而且包括对社会结构、个人隐私和公平正义的影响。大语言模型的开发和使用引发了多方面的社会讨论，以下四个方面尤其值得关注。一是版权争议。大语言模型的许多训练数据来源于互联网和其他公开渠道，所以训练数据中可能包含大量受版权保护的内容，模型所生成的文本有可能侵犯这些版权。例如，OpenAI 公司与微软公司被《纽约时报》指控未经授权使用其已出版作品作为大语言模型的训练数据。❷ 二是隐私和数据安全。大语言模型的训练依赖于海量数据，这些数据往往包括个人敏感信息。尽管训练数据通常经过匿名化处理，但依然存在信息泄露的风险。三是算法偏见。训练数据中可能包含各种隐性偏见，当大语言模型生成文本时，可能会放大这些偏见，产生歧视性描述，影响社会和谐。四是伦理和道德问题。大语言模型的生成能力使其能够创造出高度逼真的文本、图片和视频，这可能被滥用于制造虚假信息、深度伪造，以及其他不道德行为，有损社会信任体系。

面对大语言模型带来的各种社会争议，需要采取一系列措施以缓解和解决这些问题，而不能任由事态发展。这需要技术、政策、法律和社会各界的共同努力，通过综合治理和积极对策，确保大语言模型在促进社会进步的同时，最大限度地减少其带来的负面影响。

---

❶ DYLAN P, DANIEL N. Inference race to the bottom – Make it up on volume？［EB/OL］．（2023 – 12 – 18）［2024 – 08 – 21］．https：//www. semianalysis. com/p/inference – race – to – the – bottom – make.

❷ GRYNBAUM M M, MAC R. The times sues OpenAI and Microsoft over A. I. use of copyrighted work［EB/OL］．［2024 – 07 – 10］．https：//www. nytimes. com/2023/12/27/business/media/new – york – times – open – ai – microsoft – lawsuit. html.

第6章
智能开放鉴定的可解释性

6.1 档案智能开放鉴定的可解释性困境

　　随着人工智能技术的发展和其在人类社会的普及，自动化和智能化的工作和生活场景将不断涌现。在档案实践部门，将人工智能应用于档案开放鉴定工作成为业务工作中的重要选择。人工智能应用于社会实践所固有的可信、合法、合规性挑战均指向档案的智能开放鉴定。研究层面对档案智能开放鉴定的可解释性研究尚处于探索阶段。一是国内对于人工智能用于档案鉴定的需求得到确认，档案智能开放鉴定的可解释性从而成为必要。二是国外档案学者尝试从人类学和社会学视角提出追求可解释性是达成人类信任的手段而非目的，因此人类能动性的介入十分必要，为实现档案智能开放鉴定可解释性提供理论基础。三是国内技术哲学对人工智能可解释性的探索可为档案智能开放鉴定提供思路，认为可解释人工智能包括可揭示的系统因果性和结果对于用户的可理解性[1]，因而应当从技术透明度与用户的理解能力考虑可解释人工智能解决方案。[2] 总体而言，围绕档案智能开放鉴定的可解释性研究仍以学理性质的必要性和宏观解决思路讨论为主，未能从

---

[1] 闫坤如. 可解释人工智能：本源，进路与实践 [J]. 探索与争鸣，2022（8）：102 – 109，178.
[2] 吴丹，孙国烨. 迈向可解释的交互式人工智能：动因，途径及研究趋势 [J]. 武汉大学学报：哲学社会科学版，2021（5）：16 – 28.

实践层面提供理解、解决可解释性问题的框架，仍需要基于实践和基于研究成果进一步探索。

随着人工智能技术的不断发展和其在人类社会多个领域的深入应用，其蕴含的效率与信任的矛盾在近几年受到重点关注❶，档案开放鉴定作为人工智能应用的重要场景，亦受到这一矛盾的影响。

6.1.1　人工智能效能与可解释性的固有斥力

早期人工智能领域重点关注性能的提升，实现了从早期更具可解释性的决策树、专家系统为代表的技术向以深度学习等技术的迭代升级。❷ 深度学习通过构筑多层隐含神经网络模型，能够从海量数据中提取参数，并将其特征组合，实现对数据或对象的抽象表达。❸ 在此过程中，人工智能的性能得到极大发展，机器的自动化、智能化水平和预测能力都显著提升。而支撑技术提升的正是其日益复杂的逐级嵌套层级结构❹，其中包含数百万个参数和不同的权重配比。❺ 随之而来的是愈发复杂且缺乏透明的模型和难以理解的决策结果，重点表现在人工智能技术本身往往成为只给出决策结果却无法提供决策依据的"黑箱"❻，以及人工智能技术内的函数难以分解为人类可理解的形式，技术蕴含的高维特性与人类推理所需求的语义解释风格之间无法完全兼容。❼ 有学者就指出深度神经网络的"隐藏层"所蕴含的非线性相互作用的多层嵌套结构难以解释。❽

❶ PAPENMEIER A, ENGLEBIENNE G, SEIFERT C. How model accuracy and explanation fidelity influence user trust in AI ［C］//International Joint Conference on Artificial Intelligence. Macao, China：IJCAI, 2019：94 – 100；ROSENFELD A, RICHARDSON A. Explainability in human – agent systems ［J］. Autonomous Agents and Multi – Agent Systems, 2019 (33)：674 – 705.

❷ ADADI A, BERRADA M. Peeking inside the black – box：a survey on explainable artificial intelligence (XAI) ［J］. IEEE Access, 2018 (6)：52138 – 52160.

❸ 付文博, 孙涛, 梁藉等. 深度学习原理及应用综述［J］. 计算机科学, 2018 (S1)：11 – 15, 40.

❹ LINARDATOS P, PAPASTEFANOPOULOS V, KOTSIANTIS S. Explainable AI：a review of machine learning interpretability methods ［J］. Entropy, 2020, 23 (1)：18.

❺ ARRIETA A B, NATALIA D R, SER J D, et al. Explainable artificial intelligence (XAI)：concepts, taxonomies, opportunities and challenges toward responsible AI ［J］. Information Fusion, 2020 (58)：82 – 115.

❻ HAGRAS H. Towards Human Understandable Explainable AI ［J］. Computer, 2019, (51) 9：28 – 36.

❼ BURRELL J. How the machine "thinks"：understanding opacity in machine learning algorithms ［J］. Big Data & Society, 2016, 3 (1)：205395171562251.

❽ TAN S, SIM K C, GALES M. Improving the interpretability of deep neural networks with stimulated learning ［C］// IEEE Workshop on Automatic Speech Recognition and Understanding (ASRU). Scottsdale, AZ, USA：ASRU, 2015：617 – 623.

人工智能研究领域对于从原始数据到解决方案的"端到端"产出的重视，相对忽视了技术底层的依赖关系、因果关系，缺乏对技术内部逻辑的深入了解。其参数、权重与原问题的关联被打破，模型整体的可解释性难以保证。❶ 这一挑战可从部分学者提出的可解释性部分构成要素——可推理性（interpretability）和透明度（transparency）加以阐释。可推理性作为向人类提供解释或意义的能力被削弱，即深度神经网络层层叠加的特性以及不同的权重配比使得机器自身提供的意义有限，进而模型本身的可理解性，即透明度亦受到影响。因此，尽管人工智能技术展现了极强的预测能力，但对于可解释性问题的相对忽视，亦使得在技术层面降低了人类社会对于人工智能决策结果的信任。

与此同时，以深度学习为代表的人工智能技术具备高性能和强大的预测能力，使其开始进入人类生产生活的关键领域，如医疗、法律、自动驾驶、国防、金融等，尝试通过数据的输入利用人工智能开展决策。❷ 研究人员出于风险管控的考虑，逐步意识到部署于关键领域的人工智能应当需要完全或部分对其决策结果加以解释。❸ 换言之，人工智能技术对人类社会关键领域的嵌入相应地提升了对于人工智能可解释性的需求。因此，人工智能技术的固有特性，即"越是高级的模型，其解释性越差"❹ 与人类对于人工智能可解释性要求的提升愈发凸显了人工智能技术效率和信任的矛盾。

6.1.2　档案智能开放鉴定可解释性挑战凸显

人工智能具有利用搜索、利用知识、利用抽象、利用推理等技术特征❺，在档案鉴定工作中使用人工智能技术，有利于提升档案开放鉴定工作的工作效率，有效缓解现阶段待审核档案数量多、专业审核人员不足、人工审核造成偏差等问题。

❶ ANGELOV P P, SOARES E A, JIANG R, et al. Explainable artificial intelligence: an analytical review [J]. Wiley Interdisciplinary Reviews: Data Mining and Knowledge Discovery, 2021, 11 (5): e1424.

❷ GOODMAN B, FLAXMAN S. European union regulations on algorithmic decision-making and a right to explanation [J]. AI Magazine, 2017: 38 (3) 50-57.

❸ PAPENMEIER A, ENGLEBIENNE G, SEIFERT C. How model accuracy and explanation fidelity influence user trust in AI [C] //International Joint Conference on Artificial Intelligence. Macao, China: IJCAI, 2019: 94-100.

❹ ARRIETA A B, NATALIA D R, SER J D, et al. Explainable artificial intelligence (XAI): concepts, taxonomies, opportunities and challenges toward responsible AI [J]. Information Fusion, 2020 (58): 82-115.

❺ 朱福喜，汤怡群，等. 人工智能原理 [M]. 武汉：武汉大学出版社，2002：6-7.

档案领域将人工智能技术应用于开放鉴定已逐步从理论走向探索性实践。2018～2022年，有4项关于档案开放鉴定的国家档案局优秀科技成果，多家国内档案机构开展了人工智能在档案开放鉴定工作中的应用实践，如福建省档案局人工智能辅助档案开放鉴定系统的开发❶，浙江省绍兴市上虞区档案馆"档案人工智能辅助开放鉴定"组件建设❷，广东省珠海市档案馆档案鉴定开放管理系统的研发❸。这些实践项目取得的进展展示了智能开放鉴定在档案馆档案开放工作中的巨大前景，但针对可解释性问题的探索有限，且问题突出。一是基于深度学习的人工智能技术从其技术原理来看即构成"黑箱"，决策主体由档案鉴定人员转变为人工智能体，由于人工智能的决策过程无法被观察和理解，因此模型的可推理性、透明度等可解释性要求难以完全实现。二是开放鉴定作为档案馆的重要业务，往往需要经过初审、复审、终审等流程❹，确保开放鉴定结果的程序合规，然而档案智能开放鉴定中"黑箱"存在使得业务的合法合规性受到影响，客观上对档案开放鉴定的合规性构成挑战。换言之，在现阶段档案智能开放鉴定领域，存在档案鉴定效率与档案鉴定结果可解释性的矛盾。

因此，对于现有的实践矛盾和研究空白，笔者提出档案智能开放鉴定的可解释性要素框架，尝试回答哪些信息应该被智能开放鉴定的模型所提供，以增强过程中的透明度、可推理性、可信度，最终实现智能开放鉴定整体的可解释性。可解释的智能开放鉴定的好处包括人机互信、符合档案馆的决策要求、降低法律风险等。

6.2　档案智能开放鉴定的可解释性要求

6.2.1　可解释性的法律要求

随着人工智能的快速发展和广泛应用，其在政府管理和社会治理中的作用逐

---

❶ 王琳婧. 福建省档案馆以人工智能技术赋能档案开放鉴定［EB/OL］.（2023－01－05）［2023－11－20］. http://www.fj－archives.org.cn/dazw/bsdt/202310/t20231007_949167.htm.

❷ 上虞区档案馆. 绍兴市上虞区智慧档案馆建设通过省级试点项目验收［EB/OL］.（2021－07－15）［2023－11－20］. http://www.zgdazxw.com.cn/news/2021－07/19/content_322979.htm.

❸ 广东省珠海市档案局. 珠海：数字档案馆助力鉴定开放工作［EB/OL］.（2016－01－07）［2023－11－20］. http://www.chinaarchives.cn/mobile/category/detail/id/23316.html.

❹ 刘英. 论档案开放鉴定工作的组织与实施［J］. 档案管理，2017（6）：89－90.

渐凸显，司法、金融、信息公开等领域的应用显著提高了行政和公共服务效率。然而人工智能技术广泛应用所引发的关键问题即为其所作决策、结论的可解释性。如何确保人工智能的决策过程是透明的、可以理解的并符合法律规定，成为亟待解决的问题。

从公法角度来看，程序正当是行政机关坚持依法行政、行使行政职权的基本程序要求，体现在政府信息公开、行政听证、行政决定公开等制度中。特别是涉及档案行政管理部门指导下档案馆开展的档案开放鉴定工作，例如《国家档案馆档案开放办法》。人工智能所作的开放鉴定决策的可解释性不仅是确保公共服务公正性和公民权益的基本要求，而且是我国法律体系中对于公共和行政行为透明性和公开性的内在要求。因此，在档案智能开放鉴定过程中，作为"黑箱"的人工智能所作出的决策是否能获得公众信任、是否满足公共管理领域的法律要求，应当成为档案馆参与设计、研发和应用智能开放鉴定工具考虑的要点之一。例如，国家新一代人工智能治理专业委员会在 2021 年发布的《新一代人工智能伦理规范》中已明确要求从事人工智能使用等相关活动的主体应当提升人工智能的透明性、可解释性、可理解性。

从档案领域内的法律法规要求来看，随着人工智能技术在档案开放鉴定领域的广泛应用追求可解释性也是为了降低档案行政管理部门以及档案馆所面临的法律风险。一是对档案馆而言，依法如期或延期开放档案均属于其在档案开放鉴定过程可能采取的决策，应当有充分、可靠的依据作为决策支撑，否则将面临来自档案行政管理部门或社会层面的合规性和透明度风险。例如，《中华人民共和国档案法》当中既已规定对于不按规定向社会开放档案的单位，档案行政管理部门可以对单位负责人进行处罚或处分。再如，国家档案局将延期向社会开放档案设定为行政许可类审批事项，要求下属国家档案馆的延期开放行为应当向上级档案行政管理部门提交行政审批，其中一项关键内容即为提供延期开放档案的鉴定情况说明。因此，在档案智能开放鉴定广泛应用的背景下，提升鉴定结果的可解释性对于实现档案开放鉴定的依法、合规十分必要。二是档案智能开放鉴定的过程应当得到充分记录，并确保其可解释、可理解，以应对潜在的行政复议或诉讼风险。综合档案馆作为国家和社会的信息存储中心，其档案开放鉴定的合法性要求尤为重要。特别是随着公民对于档案的重视，所引发的法律或行政纠纷亦不在少数。截至 2023 年 11 月，在中国裁判文书网公开的，以档案局、档案馆为被告的行政复议或诉讼被告且聚焦于档案开放利用的行政案由达到46项。随着档案开放期限的缩短,未来潜在的因档案开放利用而起的纠纷或将增加。因此,人工智能技术在智能鉴定的应用应当充分考虑其可解释性。

确保人工智能在档案开放鉴定中的可解释性有助于确保档案管理的公正性、透明性和合法性。随着人工智能技术的进一步发展和应用,档案馆和相关部门需要采取有效的措施,确保人工智能的决策过程是可解释的、透明的,并能够符合我国的法律规定。

6.2.2 可解释性的实践要求

档案智能开放鉴定的可解释性是指在应用人工智能技术进行档案鉴定时,能够清晰、透明地解释决策过程和结果的能力。这一点在实践中尤为重要,因为它关系到档案管理的公信力、透明度和法律合规性。在国内外的诸多实践中,已经出现了对档案开放鉴定的可解释性要求。

人工智能技术在开放鉴定领域的充分使用呼唤可解释性要求。一是随着我国档案开放期限缩短为25年,人工智能技术在我国档案开放鉴定中的应用已成为现实。浙江省嘉兴市档案馆积极探索人工智能技术与人工鉴定在档案开放中的组合应用,推进档案开放鉴定工作。❶ 北京市市场监督管理局也积极采用人工智能技术,通过大量的数据学习形成算法模型,对存档页面图像的公开级别进行全自动鉴定和校验处理。❷ 二是此种档案开放鉴定的业务需求也驱动在档案服务业内涌现一批提供档案智能开放鉴定相关技术的企业。例如,江苏联著实业股份有限公司通过研发"语义"工程技术有效支撑了江苏、内蒙古、广东深圳、吉林四平以及浙江平湖等地的档案智能开放鉴定工作。❸ 因此,在档案智能开放鉴定已成事实的情况下,考虑到前述中对于档案开放鉴定的合法、合规、透明等要求,维护提升档案智能开放鉴定中人工智能的可解释性已成为内在要求。

---

❶ 金培中. 浙江嘉兴市档案馆构建"智控中枢"推进共建共享 [EB/OL]. (2022 – 11 – 17) [2023 – 11 – 20]. http://www.zgdazxw.com.cn/news/2022 – 11/17/content_ 338207.htm.

❷ 陈会明,史爱丽,王宁,等. 人工智能在档案工作中的应用实践与挑战:以北京市市场监督管理局为例 [J]. 档案与建设,2019 (7):53 – 56.

❸ 江苏省联著实业股份有限公司. "基于语义分析的档案智能化开放鉴定系统"荣获2022年度江苏省人工智能学会技术创新奖 [EB/OL]. [2023 – 11 – 20]. http://www.2windao.cn/pc/detail.do?id = 267& channelId = 162.

其次，档案智能开放鉴定的可解释性要求已在实践中通过不同方式得到显示，但可解释性程度仍需要进一步提升。一是将人工智能以及机器学习技术用于敏感信息识别，重点在于识别档案中存在的个人敏感信息。通过明确档案不予开放的原因为包含个人敏感信息，以提升人工智能的可解释性。例如，ePADD 是由美国斯坦福大学开发的开源软件，可用于电子文件的鉴定工作。❶ 再如，新西兰国家档案馆通过实体提取、潜在敏感记录识别等步骤，可以实现对于潜在的敏感词或敏感信息的识别。❷ 英国国家档案馆在其 2016 年发布的报告中同样指出，人工智能的方式可以有效替代人工鉴定、审核的方式，有效识别个人敏感信息，进而促进移交进馆的开放档案识别工作。❸ 二是通过将人工智能嵌入档案开放鉴定的部分流程，与人工审核相结合，通过流程的规范性和透明性在一定程度上实现人工智能技术的可解释性。例如，福建省档案馆开发了人工智能档案开放鉴定系统和算法模型，其中人工智能通过迭代学习不断优化自身算法，通过识别敏感词的方式负责初审，形成"涉密档案库"、"非密控制档案库"、"一般开放库"和"公布开放库"四类交给复审员，最终由人工确认开放决定。因此，在一定程度上提升了档案智能开放鉴定的可解释性。

总的来说，档案智能开放鉴定的可解释性是确保档案管理工作公信力、透明度和法律合规性的关键。在实践中，无论是在国家级的档案馆，还是在地方档案馆，都需要重视并提升档案智能开放鉴定的可解释性，以确保档案管理工作的质量和效果。

6.2.3 可解释智能鉴定的技术可行性

随着人工智能技术的日益成熟和广泛应用，可解释人工智能（explainable AI，XAI）已成为该领域的重要研究方向。XAI 旨在构建能够提供易于理解的解释和透明度的人工智能系统，以增强用户和开发者对人工智能决策的信任和理解。

---

❶ JAILLANT L. How can we make born – digital and digitised archives more accessible? Identifying obstacles and solutions ［J］. Archival Science，2022（22）：417 – 436.

❷ COLAVIZZA G，BLANKE T，JEURGENS C，et al. Archives and AI：an overview of current debates and future perspectives ［J］. Journal on Computing and Cultural Heritage，2021，15（1）：1 – 15.

❸ The National Archives. The application of technology – assisted review to born – digital records transfer，Inquiries and beyond（Research report）［EB/OL］.［2023 – 11 – 21］. https：//cdn. nationalarchives. gov. uk/documents/technology – assisted – review – to – born – digital – records – transfer. pdf.

XAI 的基本原则包括透明度、可理解性和可操作性。透明度要求人工智能系统能够清晰地展示其内部结构和决策过程，使用户能够追踪和理解模型的工作机制。可理解性则要求人工智能系统能够以人类可理解的方式提供解释，确保用户能够轻松理解模型的输出和决策依据。可操作性则强调人类用户能够基于人工智能提供的解释做出相应的操作或决策，这意味着解释不仅要清晰，而且要具备实用性。❶ 这些原则是评估 XAI 技术可行性的基础，确保人工智能系统不仅能作出准确的决策，而且能让用户信服其决策过程。

在核心技术方面，XAI 主要依赖于多种算法和方法。例如，特征重要性分析、局部可解释模型（local interpretable model – agnostic explanation，LIME）和可解释神经网络（explainable neural network，XNN）等。特征重要性分析旨在确定输入特征对模型预测的贡献程度，帮助用户识别哪些因素对决策影响最大。LIME 通过局部逼近来解释模型的预测，生成对特定输入的可解释性说明，使用户能够理解模型在特定情况下的行为。XNN 则设计了可以提供解释的神经网络结构，通过内置的可解释机制，使得模型的决策过程更加透明。❷ 这些技术通过不同的方式提供对模型决策的理解，从而提高 XAI 的技术可行性。

在实际应用中，XAI 已经在多个领域得到了广泛应用。在医疗诊断领域，XAI 能够帮助医生理解人工智能模型的诊断建议，提高诊断的准确性和效率。医生可以通过 XAI 提供的解释，了解模型为何作出某种诊断，从而更好地结合自身的专业知识进行判断。同时，XAI 也被应用于金融风控，通过提供透明的风险评估和决策依据，帮助金融机构降低欺诈风险并提高合规性。在智能制造领域，XAI 可以优化生产流程，通过解释机器学习模型的预测，帮助工程师识别潜在的生产瓶颈和改进点。在自动驾驶领域，XAI 通过解释车辆的决策过程，增强了乘客和监管机构对自动驾驶系统的信任。❸

通过实际应用的验证，XAI 的技术可行性得到了明显的体现。越来越多的机构认识到，采用可解释的人工智能系统不仅能提高决策的透明度和准确性，而且能

❶ SAEED W, OMLIN C. Explainable AI (XAI)：a systematic meta – survey of current challenges and future opportunities［J］. Knowledge – Based Systems，2023，263：110273.
❷ ARRIETA A B, DÍAZ – RODRÍGUEZ N, DEL SER J, et al. Explainable artificial intelligence (XAI)：concepts, taxonomies, opportunities and challenges toward responsible AI［J］. Information fusion，2020，58：82 – 115.
❸ DWIVEDI R, DAVE D, NAIK H, et al. Explainable AI (XAI)：core ideas, techniques, and solutions［J］. ACM Computing Surveys，2023，55（9）：1 – 33.

增强用户的信任感和满意度。❶ 随着技术的不断进步和应用场景的扩展，XAI 的发展前景将更加广阔，未来有望在更多领域发挥重要作用。

6.3　档案智能开放鉴定的可解释性框架

6.3.1　总体逻辑

档案智能开放鉴定的可解释性框架遵循了从数据到决策的逻辑路径。确保每一步都是透明、公正和可验证的，从而增强了档案开放鉴定的公信力和可靠性。结合可解释人工智能的相关理论与档案开放鉴定的业务特性，笔者认为档案开放鉴定的可解释性框架包括算据可解释、算法可解释、置信可解释、决策可解释。

在档案的智能开放鉴定中，第一，数据的可解释性。数据是算法作出决策的基础，因此数据的真实性、完整性和相关性对于最终结果至关重要。算据可解释要求数据来源的明确、数据采集的方法和数据处理的逻辑都必须是公开透明的。第二，算法是档案审核的核心，决定了档案是否可以开放。因此，算法的逻辑、工作原理、参数选择等都应当是可以解释和验证的。使用透明的、经过验证的算法，确保算法不受偏见影响，并且其工作原理为大众所理解。第三，置信度或概率性是人工智能决策中的一个关键部分。它表示了算法对其决策的自信程度。通过解释置信度，我们可以了解算法为何作出特定的决策，以及其背后的确定性或不确定性程度。第四，为了确保档案是否应当开放的决策是公正和可靠的，档案智能开放鉴定需要确保决策的过程和逻辑是完全透明的。这包括为什么某些档案被认为是敏感的，什么条件下档案会被开放，以及决策背后的所有逻辑和规则。

在上述四个要素之间，算据是算法的输入。清晰、可解释的数据确保算法可以正确、公正地工作。算法的输出产生置信度，表示决策的可信赖度。决策基于置信度，置信度高的决策更有可能被接受和执行。

---

❶ ANGELOV P P, SOARES E A, JIANG R, et al. Explainable artificial intelligence: an analytical review [J]. Wiley Interdisciplinary Reviews: Data Mining and Knowledge Discovery, 2021, 11 (5): e1424.

6.3.2 算据可解释

算据可解释强调了数据在智能开放鉴定中的核心地位。数据作为人工智能和算法决策的基石，其完整性、真实性和相关性直接影响到档案鉴定的准确性和公正性。在档案开放鉴定中，算据既包括训练模型所用的标注后的档案数据，也包括参与模型构成的开放规则、敏感词等。算据可解释不仅是对数据透明性的要求，而且是对数据的来源、处理、结构和内容的全方位的明确和透明。这意味着每一份数据，无论其对决策过程的影响大小，都必须经过清晰的标注和定义，确保数据的真实性和完整性，并能够为外部评估提供足够的信息和理由。简而言之，算据可解释要求数据不仅能被使用，而且能为其使用提供合理的解释。实现算据可解释包括但不限于以下五点要求。

①算据来源明确。任何参与档案智能开放鉴定的数据必须有明确、可追溯的来源。这意味着数据的产生过程和产生条件应当是可知的，且能够明确数据的时效性和相关性。

②算据处理透明。数据在被送入模型前往往需要经过预处理、清洗和转换。这些处理过程必须是可观测且可复现的，确保数据的原始信息不被误导或失真。

③算据标注准确。对于需要人工标注的训练数据，如开放范围或开放等级，必须确保标注过程的公正性、准确性和一致性。同时，标注的依据和规则也应当是明确的。

④算据结构清晰。数据的结构，如表格、图像或文本，应当是清晰和标准化的，确保模型能够正确地读取和解析。

⑤算据内容完整。用于训练开放鉴定模型的数据集应当是全面和完整的，避免由于数据偏见或缺失导致的决策不公。为此，可能需要对数据集进行多方面的分析和验证，确保其代表性。

6.3.3 算法可解释

算法可解释专注于智能开放鉴定中算法的透明度和理解性。在现代的人工智能驱动决策中，算法经常被描述为"黑箱"，因为其决策过程通常是复杂和难以理解的。然而，当涉及档案的开放性和对公众的责任时，仅依赖于一个不透明的决策过程是不够的。算法可解释不仅要求算法的决策过程是可理解的，而且要求算法的工作原理、决策标准和逻辑结构都是明确和透明的。这样做的目的是确保所有利益相关者，无论其技术背景如何，都能够对算法的决策持有信心，并确信该决策是在明确、合理的前提下做出的。实现算法可解释包括但不限于以下五点要求。

①逻辑清晰。算法的逻辑和工作原理必须是清晰的，无论其内部复杂性如何，外部的表述都应该是简洁、直观的。

②参数透明。算法中使用的所有参数，包括权重、阈值和其他变量，都应该是可访问的，且其选择或修改的依据应该是明确的。

③决策路径可追踪。算法作出决策的路径应当是可追踪的。给定一份档案，管理者应该能够明确知道算法是基于哪些数据、参数和逻辑做出的决策。

④避免偏见。算法设计中应该积极地考虑和消除潜在的偏见，确保决策的公正性和公平性。

⑤持续更新。算法应当具备动态更新的能力，能够根据新的数据和反馈进行调整和优化。

6.3.4 置信可解释

置信可解释关注档案智能开放鉴定中的置信度和其对决策的影响。在人工智能和机器学习的应用中，模型通常会为其预测提供一个置信分数，表示模型对某一预测的确信程度。对于档案智能开放鉴定来说，这意味着不仅要明确哪些档案应该被公开，而且要确定模型对此决策的信心有多大。置信可解释要求这些置信分数是可理解且有意义的，能够为档案管理员和其他利益相关者提供足够的信息来判断是否应该依赖机器的决策或是否需要进一步人工审核。它为决策提供了一个量化的信任层次，并有助于评估模型的决策可靠性。实现置信可解释包括但不限于以下四点要求。

①提供量化的置信分数。系统应为每一档案的开放决策提供明确的置信分数，这些分数应该是可解释且有意义的，而不仅仅是抽象的数值。

②动态化置信阈值。根据置信分数设定阈值，超过该阈值的档案可以直接开放，低于该阈值的档案需要进一步人工审核。此阈值应该是可调的，以适应不同的需求和风险容忍度。

③置信度的可视化。提供工具和界面，使档案管理员和利益相关者能够轻松地查看和理解模型的置信度，及其如何影响到决策。

④透明的置信计算。模型计算置信分数的方法应当是透明的，让用户知道它是如何得出的，以及其背后的逻辑。

6.3.5 决策可解释

决策可解释在档案智能开放鉴定的可解释性框架中占有核心地位，它关注的是如何确保人工智能系统在判定档案是否应当向公众开放时的决策过程是明确、透明和可追溯的。这一要素的目标是确保所有的利益相关者，不仅包括技术人员，更重要的是档案管理员、政策制定者和公众，都能够理解、信任并接受机器学习或人工智能模型的决策。当档案管理员遇到一个人工智能建议开放的档案时，他们应当能够清楚地知道这一决策背后的逻辑、证据和推理，从而确信这一决策是恰当和合理的。实现决策可解释包括但不限于以下五点要求。

①透明性。模型应详细描述其如何评估档案并得出开放或不开放的决策的。这意味着算法、数据处理方法和决策标准都应该是公开和可接触的。

②推理日志。当系统作出一个决策时，它应当能够提供一个详尽的推理日志，解释为什么选择了这一特定的行动。这不仅是简单的输出结果，更是一个完整的决策过程描述。

③用户交互。提供可视的界面或工具，使档案管理者可以与系统互动，询问决策的原因，或者在某些情况下，要求系统重新考虑其决策。

④人工审核配套。即使系统拥有很高的置信度，也应设置人工审核机制，特别是在决策的关键和敏感区域，确保决策的准确性和恰当性。

⑤培训与教育。档案馆和系统开发商应该为档案管理者和其他利益相关者提供必要的培训和资源，确保管理者能够充分理解和信任系统的决策，以及如何与系统互动以获取决策的更深层次的理解。

6.4　面向可解释的档案智能开放鉴定的启示与建议

　　为了确保公众和社会的信任，保证档案开放鉴定业务应用人工智能技术时的合法、合规、合理，综合档案馆需要采取一系列措施来优化体制机制、健全法律法规、优化业务流程，并鼓励生产商积极改进技术，以实现档案智能开放鉴定的可解释性目标。这将有助于档案馆更好地发挥其在数字时代的重要作用，保护文化遗产并促进知识的共享与传承。

6.4.1　优化档案智能开放鉴定的体制机制

　　综合档案馆应当优化档案智能开放鉴定的体制机制，以确保可解释性得到充分保障。其一，建议建立专门的智能开放鉴定部门或小组，由专业人员组成，负责制定鉴定标准、监督算法训练和评估模型的性能。从而确保鉴定过程的透明性和公正性，避免算法中的潜在偏见或歧视性。其二，综合档案馆可以考虑建立与外部专家和机构的合作机制，邀请独立的第三方机构对鉴定算法进行审查和验证，有助于验证算法的准确性和公平性，提高可解释性。其三，综合档案馆还可以积极参与国内外标准的制定，与其他档案馆共同分享实践经验，促进行业内的可解释性标准化。此外，综合档案馆可以建立内部培训计划，提高员工的技术素养，使其能够更好地理解和解释智能开放鉴定的结果。这将有助于员工更好地与算法合作，确保鉴定过程中的可解释性。

6.4.2　健全档案开放鉴定可解释性的法规

　　为了保障档案智能开放鉴定的可解释性，综合档案馆需要积极参与法律法规的制定和完善，确保法律体系能够跟上技术的发展。其一，需要明确法律法规对档案智能开放鉴定的监管和规范要求，包括对数据隐私的保护、算法公平性的要求、可解释性的规范等方面。这可以为综合档案馆提供明确的法律依据，确保鉴定过程合法合规。其二，建议建立违法违规行为的惩罚机制，以防止滥用智能开放鉴定技术，包括对于数据滥用、算法歧视性、鉴定结果不公平等行为的法律责任追究，从而提高档案智能开放鉴定的可解释性和公平性。其三，建议建立独立的监管机构，负责监督和审查档案智能开放鉴定的合规性。这个机构应该拥有权威性和独立性，可以有效监督综合档案馆的鉴定活动，确保其符合法律法规和标准。

6.4.3 优化开放业务流程以提高可解释性

为了提高档案智能开放鉴定的可解释性，综合档案馆可以优化开放业务流程，确保鉴定结果的透明性和可理解性。首先，建议建立明确的鉴定流程和标准化的文档记录，以确保每个鉴定过程都能够被追溯和审查。这包括对数据准备、模型训练、鉴定过程和结果解释等环节的详细记录，以提高可解释性。其次，综合档案馆可以积极采用可视化工具和界面，使鉴定结果更加直观和易于理解。这可以帮助非技术人员更好地理解算法的工作原理和结果，提高可解释性。最后，建议建立用户反馈机制，鼓励用户提供关于鉴定结果的反馈和疑虑。综合档案馆可以积极回应用户的需求和疑虑，解释鉴定结果，提高用户对智能开放鉴定的信任和可解释性。

档案智能开放鉴定的可解释性问题是一个复杂而重要的议题，涉及政府公信力、档案价值、数据隐私、算法公平性等多个方面的考量。通过本章的探讨，笔者希望为综合档案馆、政策制定者和技术厂商提供一些有益的思考和指导，以促进档案智能开放鉴定的发展与应用。未来，我们期待更多相关的研究和实践工作，以不断提高档案智能开放鉴定的可解释性，确保其在数字时代的有效运用，同时保护文化遗产和用户权益。

第7章
智能开放鉴定的挑战与对策

　　档案开放鉴定工作是各级国家综合档案馆的一项基础性业务工作，是档案资源从保管到利用必要且关键的环节，也是档案资源走向开放的前提和保障。2020年修订的《中华人民共和国档案法》在档案开放方面提出了更高的要求，积极探索档案智能开放鉴定利于解决当下档案开放鉴定滞后的问题，推进档案开放利用工作模式转型创新，对提高档案开放鉴定效率和档案利用水平具有重要意义。目前，我国浙江、江西等地已有人工智能辅助档案开放鉴定的工作实践且成效显著，不少档案馆将自然语言处理、深度学习等技术融入开放鉴定流程，有效提升了审核效率，但该领域工作仍处于起步探索阶段，档案智能开放鉴定依旧面临巨大挑战，存在诸多亟待解决的问题。

7.1　智能开放鉴定面临的挑战

7.1.1　体制机制方面的挑战

　　（1）制度供给不足，开放鉴定标准不清晰

　　《中华人民共和国档案法》《中华人民共和国档案法实施条例》等都为档案开放鉴定工作提供了强有力的法治保障，但这些法律法规中依旧存在很多条款描述模糊抽象、标准不明、问责条款宽泛等一系列问题，使其难以直接转化为智能开放鉴定系统理解并执行的具体操作规则。例如，《国家档案馆档案开放办法》第7条规定："经济、教育、科技、文化等类档案，经开放审核后可以提前向社会开放。"但这些档案类别描述过于宽泛且缺乏清晰的界定，提前的时间长短也未详细说明，因此对于传统手工审核或智能系统而言，都很难把握这些模糊性标准，这使得智能开放鉴定系统在解析这些规则时面临更多困难。

此外，在审核期限和范围方面，《中华人民共和国档案法》（2020年修订）第27条规定可以提前开放以及到期不宜开放的档案类型，但《中华人民共和国档案法实施条例》并未进一步指明档案开放的范围、提前开放的上限、延期开放的时间等内容，统一标准的缺失致使档案开放鉴定结果充满不确定性，使得档案开放鉴定更大程度上取决于审核者的主观判断。由于制度供给不足、审核标准缺失导致档案开放鉴定具体工作中阻碍重重，因此以上这些情况在人工智能应用于开放鉴定工作当中弊端显露更为明显，一定程度上导致智能开放鉴定准确性低下，常常伴随模糊性结果。

（2）部门间协调机制不完善，权责不甚明确

档案智能开放鉴定协同机制主要面临主体权责分工不明、协同审核程序不统一、配套保障机制不完备等制度困境。

首先，档案开放智能审核多局限于档案管理机构内部业务活动范畴，参与的主体以档案管理者为主，尚未形成多利益主体共同参与的协作机制，例如在实践操作中，档案开放智能审核实践主要有两种模式：一是档案管理机构通过课题立项，与档案科技公司合作开展研究与实践；二是档案管理机构直接购买科技公司的智能审核产品，并共同进行实践优化。这两种模式都体现了档案管理者与社会技术支持者之间的协同互动，但是较少考虑其他利益相关者的诉求。

其次，在档案开放智能审核系统开发过程中，开发者虽然会参考档案形成单位或移交单位的意见，但落实到实践中效果大打折扣，真正实现多方协同审核的案例少之又少，缺乏档案形成单位或移交单位的审核规则及用户利用诉求均会影响档案开放智能审核模型的训练与优化效果，进而会降低审核结果的质量和效率。

最后，在权责问题方面，问责主体和问责客体不明确、问责范围不广阔、问责程序不规范等问题依旧突出。《中华人民共和国档案法》（2020年修订）第30条规定档案馆与档案形成（移交）单位"会同"审核档案，会同审核的难点在于确定征求档案形成单位意见的先后顺序，即档案开放鉴定是先征求档案形成单位

意见，还是在档案馆审核鉴定后再征求其意见，这直接关系到档案开放结果，以及档案形成单位或者移交单位能否有效参与档案开放工作。《中华人民共和国档案法》（2020 年修订）就审核主体如何"会同"、"会同"权责、"会同"程序、"会同"意见分歧处理等问题均未作明确规定，使得智能开放鉴定工作难度增加。❶

7.1.2 智能技术方面的挑战

在技术应用方面，现有的技术手段多为敏感词系统、档案管理系统等，尚未有专门化、统一的档案智能开放鉴定管理平台。

（1）智能审核技术准确性、可解释性欠缺

一方面，人工智能凭借自主深度学习的优势增强了审核效率，但当待审核的档案类型多样、主题丰富、文本语义复杂深入时，智能审核会因自身算法设计优劣、数据库储备规模等因素，易产生漏判、误判等审核结果偏差的情况。因此，人工智能决策的不确定性与模糊性造成审核结果偏差、超权责行为、运行与判定结论难以解释等情况是当下技术方面较为棘手的问题。例如，福建省档案局人工智能辅助档案开放鉴定系统的审核算法模型，在 OCR 识别准确率能基本保证的情况下，开放类预测准确率约为 60%，整体预测准确率约为 80%，审核结果存在一定偏差。❷

另一方面，当下智能审核模型很难提供决策过程的解释，其决策过程大多基于深度学习进行大规模数据集的模式识别，而对于明确的逻辑推理还不成熟，因此其决策机制不能为用户所清晰地理解，且审核者无法快速掌握人工智能决策的过程和依据，这种"AI 黑箱"现象导致审核参考结果的可信存疑、可解释性欠缺，无法满足相关的监管要求。

（2）智能审核技术信息安全性、隐私性薄弱

人工智能程序在设计、使用过程中，必然会存在一定的风险，如数据隐私、人工智能自主决策边界、程序安全漏洞等，将其应用于档案开放鉴定中，隐私安全风险问题突出。自 2017 年以来，美国、欧盟、德国、加拿大、日本、新加坡等

---

❶ 刘子聪. 《中华人民共和国档案法实施条例》的功能定位、缺憾检视与优化路径［J］. 档案学研究，2024（5）：64－70.

❷ 福建省档案局，档案馆项目组. 基于数字档案的人工智能辅助档案开放审核系统实现研究［J］. 浙江档案，2022（10）：40－43.

国家或地区已陆续发布人工智能相关法律法规，我国也于2023年7月出台《生成式人工智能服务管理暂行办法》。国家新一代人工智能专业委员会发布的《新一代人工智能治理原则——发展负责任的人工智能》，系统地描述人工智能的基本治理原则，但不具有法律的强制属性。因此，人工智能技术自身涉及的数据隐私和程序安全漏洞问题与法律规范尚未完善的问题也是档案智能审核开放路上的绊脚石。

7.1.3　资源层面的挑战

（1）可训练的标注资源匮乏

人工智能辅助开放鉴定的前提是档案数字化，由于基于机器学习的开放鉴定模型训练依赖大规模已标注的数据集，数据规模越大、质量越好，所训练出的模型准确率越高，因此可标注的数据资源和档案数字化质量问题一定程度上会影响智能开放鉴定的效果。

第一，目前智能开放鉴定训练数据的可获取性不强：一方面在数据规模上，由于训练所需的一部分档案数据因存在相关敏感信息而有一定的泄密风险进而处于待开放状态，因此档案馆通常难以向技术公司提供全面的档案数据进行模型训练；另一方面由于许多档案馆的数字化成果质量参差不齐，OCR识别率没有达到较高水准，智能机器对档案原文进行读取和智能处理的难度较高，进而导致开放鉴定模型的误判率较高。

第二，我国高质量的档案数据体系尚未形成：一方面，由于我国档案工作正处于从数字化向数据化转型的关键时期，高质量的档案数据体系仍未健全，因此大部分档案资源仍以数字化的形式存在，而非真正的数据化形态，这种现状导致人工智能技术难以发挥应有的作用，同时也增加了智能审核的成本；另一方面，我国档案开放智能审核技术研究投入依旧不足，国内相关技术研究主要依托档案科技项目，且项目研究不具有连续性，从国家档案局项目立项的情况来看，一般采用国家档案局立项、档案馆出资、技术公司参与的合作模式开展相关研究和实践。然而，由于这种研究投入不足且项目不连续，导致大部分技术公司更倾向于采用已有的技术来实现档案开放智能审核，这会在很大程度上限制智能开放鉴定创新性，进而阻碍档案开放智能审核的可持续改进与优化。

（2）档案数据化成本高昂

档案资源的类型多样、内容丰富，往往需要针对不同类型的档案资源构建不同特征的标记数据集，这直接影响了人工智能模型训练的质量和效率，使得智能开放鉴定工作进展缓慢。一方面，对大规模档案数据进行标注耗时耗力、成本高昂，绝大部分的档案数据缺乏有效标注，可用于机器学习的档案数据资源匮乏。另一方面，人工智能组件前期开发、部署的资金消耗较大，这主要体现在两个方面：第一，硬件采购成本高。人工智能辅助审核组件属于计算机软件，满足人工智能运行要求的计算机硬件价格较高，采购性能较优的硬件设备需耗费一定资金；第二，软件开发成本高。从需求定义与分析到软件设计、实现、测试、维护到大量的模型训练以生成自主处理、自主学习的能力，软件的开发需要经历一个漫长的过程，时间和经济成本高昂。例如，ChatGPT 训练 1750 亿参数，单次运算将花费 450 万美元，可见 AI 软件开发训练成本之高昂。❶

7.1.4　人才层面的挑战

（1）跨学科背景、复合型专业人才缺乏

《中华人民共和国档案法》（2020 年修订）作出缩短档案封闭期限、扩大提前开放档案的范围等规定，均增加了档案开放鉴定工作量，形成了人力资源短缺与开放鉴定档案数量庞大的矛盾，虽然人工智能赋能档案开放鉴定在一定程度上缓解此种矛盾，但档案领域人工智能专业人才匮乏问题依旧突出。由于运行和维护人工智能审核程序需要一定学科背景的专业人才处理日常出现的技术问题，而档案开放鉴定主阵地——档案馆，其人员多为人文社科专业且欠缺人工智能技术相关技能与知识，由此会导致人工智能审核程序日常运行和维护严重依赖服务外包人员，使得档案工作者突发状况处理能力和工作独立自主能力低下。例如，很多档案馆"馆藏数量增长率和增长速度高于档案开放数量增长率和增长速度"的矛盾依旧突出，"一些档案馆目前馆内 6 名专职人员从事开放鉴定工作，仍难以满足档案开放进度""馆内每年开放鉴定的工作量达到 10 万 + ，但专职从事开放鉴定

❶ 齐旭，刘晶，宋婧. 没有百亿参数的大模型，不敢奢谈 ChatGPT［EB/OL］.［2024 - 10 - 20］. https：//baijiahao. baidu. com/s？id = 1758667195112014110&wfr = spider&for = pc.

的档案人员只有 3 位"等问题并非个例。❶ 也折射了我国绝大多数档案馆面临的馆藏档案开放鉴定状况，由此可见国内档案智能开放鉴定领域的工作人员严重不足，特别是公共档案馆，往往只有 1~2 名工作人员专门从事该项工作，这些人员长期习惯于传统的人工开放鉴定模式，一时难以适应人工智能环境下智能审核要求，这在一定程度上制约了档案开放智能审核的发展。因此打造固定的、专业化的、专职的档案智能开放鉴定团队对于档案馆审核工作而言也是一个需着手解决的问题。

（2）固有认知阻碍，智能开放理念落后

"档案开放鉴定 + AI 技术"的组合，必然会涉及开放鉴定和人工智能辅助程度两个要素，由此可延伸出档案管理者对档案开放固有认知和人工智能技术固有认知，大多数档案管理者仍持有传统、守旧的档案工作理念，即对档案开放的拘谨、不重视和对人工智能技术的担忧、不信任。部分档案工作者的固有认知将严重阻碍我国档案开放利用工作，致使人工智能技术在档案开放鉴定中的应用流于形式并难以实现深度融合。此外，长期以来档案开放鉴定业务交流圈子较为封闭，馆际之间互相沟通、借鉴、培训等较少见，加之同一馆内不同层级人员、不同馆间工作人员掌握工作标准宽严不一、知识储备参差不齐，这都会间接影响智能开放鉴定的质量。

7.1.5　设备层面的挑战：智能技术需要算力

人工智能三大核心要素"数据、算法、算力"的角度来看，数据的质量和多样性、算法的灵活性和适应性、算力是否强大与可持续性都会影响审核结果的准确性和稳定性。强化人工智能能力满足审核要求至关重要，审核准确率是审核能力的重要体现，算力水平则是影响审核准确率与效率的重要因素。算力是计算机设备或数据中心处理信息的能力，是计算机硬件和软件配合共同执行某种计算需求的能力，而人工智能审核项目间审核准确率相差较大。例如浙江省绍兴市上虞区档案馆人工智能审核组件正确率约为 95%❷，福建省档案局人工智能审核算法模

---

❶ 闫静，谢鹏鑫，张臻. 新《档案法》背景下国家综合档案馆档案开放鉴定的挑战及对策［J］. 北京档案，2022（7）：7-10.

❷ 周友泉，连波，曹军. "浙里数字档案"重大应用场景实践："档案 AI 辅助开放审核"组件的性能与应用［J］. 浙江档案，2022，（11）：22-24.

型整体预测准确率约为 80%❶，瑞士 Archi Select 项目自动化分类算法准确率为 88%～95.8%❷，因此人工智能审核运行项目的审核能力和算力都存在一定的提升空间。

一方面，强大算力支撑力依旧薄弱，且智慧化辅助工具和设备缺失问题依旧不容忽视；另一方面，档案智能开放鉴定技术方案缺失权威认证，这种情况会使得智能技术市场竞争尤为激烈，因为当前档案开放智能审核技术的实现方案并不唯一。不同档案科技公司根据自己的优势开发出档案开放智能审核系统，并按照自己的标准或优势进行宣传，所以档案机构在选择这些技术方案时无所适从，同时也影响了档案科技公司间的公平竞争，这便容易造成技术市场供给的混乱，给档案机构选择技术方案带来了困扰，并不利于营造健康有序的技术创新生态环境。因此，开放鉴定主体在选择智能审核技术时，应从审核方案、审核技术以及合作模式各方面长远考虑，未雨绸缪。

7.1.6　目标定位层面的挑战：目标定位不清晰

档案开放智能审核的目的是促进档案的高效化开放利用，从用户利用需求的视角开展档案开放智能审核应是立足点。因此，档案开放智能审核的目标既要体现开放鉴定效率与质量的提升，又要考虑满足用户实际需求。从我国档案开放智能审核工作实施状况来看，智能审核更多延续了传统档案开放鉴定思维模式且主要以人工档案开放鉴定为参照，其主要目标仍聚焦于提升档案开放鉴定效率，而忽视了用户的需求因素。例如，档案开放智能审核工作方案大多依赖于"密件标识""敏感词"等作为开放鉴定的标准，大多基于档案文件本身的特性，而非档案开放规定或用户利用需求。

造成当前档案开放智能审核目标定位偏差的主要原因有以下两点：一是传统档案开放鉴定思维仍然存在，智能审核由于受限于工作人员对风险的过度担忧而基本延续了传统人工审核思维，因此亟待树立以利用为中心的档案智能开放鉴定理念；二是档案开放鉴定工作复杂，且智能审核作为人工智能技术在该领域的一

❶ 聂云霞，范志伟. AI 技术在档案开放审核中的 SWOT 分析［J］. 山西档案，2023，（4）：35－45，88.
❷ 李剑锋. 人工智能技术在数字档案鉴定中的应用与启示：以瑞士纳沙泰尔州档案馆 ArchiSelect 项目为例［J］. 浙江档案，2022，（10）：36－39.

次尝试性探索，重点更多在于验证技术的可行性，而较少考虑复杂多变的用户利用需求影响因素。

此外，我国档案开放智能审核工作局限于馆内实验性档案业务活动，大多数馆藏机构仅仅基于自身经验作出一种模糊假设，其实质并未形成明确的档案开放鉴定目标，这种情况下，档案机构开放的档案与用户利用需求脱节的现象较为普遍。

7.2 推进智能开放鉴定的对策

7.2.1 优化体制机制

（1）强化法规标准建设

因地制宜制定合适的、明确的、清晰的工作标准为档案智能开放鉴定提供强有力的制度保障是必然要求。

第一，相关部门需尽快研究制定开放鉴定细则，以细化条目的形式给实践工作以切实的方向性指导。档案开放鉴定结果标注的内容应清晰细化，可包括结果类型、应封闭年限、可利用状态、形成时间、形成已满时间等，细化的人工智能审核判定条件、推荐性标准、参考性具体办法都能更大程度上使得档案智能开放鉴定工作有迹可循、有规可循。

第二，建立健全档案开放鉴定机制体系，档案开放鉴定除了强有力的制度供给外，还需一系列配套的开放鉴定机制予以保障，应由档案主管机构牵头，集合行业专家以及档案开放鉴定各相关主体的智慧，共同制定出一套权威性、科学性、实用性的评价标准，可有效引导档案开放智能审核模型构建及应用等工作不断走向规范和成熟。

第三，完善人工智能法律法规保障智能审核安全也是重中之重，针对人工智能的解释性不足、隐私与安全等问题，必须借助法律保障人工智能应用的安全性、公正性和可信度，若 AI 审核应用缺乏约束，潜在威胁将危害数据安全或造成机密泄露。

因此，在档案智能开放鉴定实践中，应总结其中存在的问题，促进法律法规的建立健全。《知识产权强国建设纲要（2021—2035年)》指出，要加快人工智能等新领域新业态知识产权立法，研究完善人工智能等产出物知识产权保护规则。虽然我国在国家层面的人工智能立法已经在向社会公开征求意见，但距离正式颁布实施还需时日，相信随着相关法律法规的逐步出台与完善，人工智能技术的应用将朝着更加健康、科学、可持续方向发展，人工智能技术在档案开发审核中的应用也将有所保障。

（2）优化部门协同机制，明确权责

当下需尽快构建合理的部门沟通协作机制与建立健全档案开放鉴定问责机制，共同促进档案智能开放鉴定工作提质增效。

第一，尽快构建档案开放鉴定协同机制，让主要利用主体参与到档案开放智能审核工作中来，明确不同参与主体之间的权利与责任，可以借鉴北京市档案馆的一些成功经验，例如明确档案形成单位或移交单位在初审阶段应承担的主要责任等，确保各参与主体知晓自己的权利和责任，从而在参与审核时"不越界"。

第二，应积极听取不同利益主体的意见，在档案智能开放鉴定开始前，在制定技术方案、审核程序设计等环节，应尽早邀请档案形成单位或移交单位、主管机构、用户等利益主体参与开放鉴定系统开发意见征询工作，广泛听取意见，例如福建省档案馆为档案形成或移交单位提供线上会审接口，为其他利益主体参与审核工作提供制度保障和操作指南。

第三，应打造档案智能开放鉴定协作平台，由于人工智能技术在档案开放鉴定中多为辅助性工作，最终开放结论还需人工复核以确定，因此档案审核协作显得尤为必要，打造档案审核协作平台，将档案移交单位和管理单位紧密联系起来，促进双方或多方共同参与人工判定开放鉴定的最终结论，可保障开放鉴定的严谨性。由于人工智能技术在档案业务中的应用场景还不丰富，人工智能组件在实际应用中也存在一定问题和缺陷，因此各级档案部门在省档案局、省档案馆的统一协调下，应群策群力，通力协作，在不断地调用、升级组件过程中提升和完善组件性能，才可以真正实现档案开放鉴定工作的智能化、智慧化。

7.2.2 研发智能技术

（1）提升准确性和可信性

加快推进档案开放鉴定数字化与智能化，应在系统设计初期尽可能把控风险，明晰人工智能决策判断的算法逻辑，增强自主决策的透明度和可解释性，限制人工智能程序的功能边界，并在应用过程中及时更新系统防火墙程序，谨慎选择云服务代理，严格审查开发企业资质，以多重举措防范人工智能潜在威胁。例如，近年来江苏省档案馆探索利用人工智能技术助推档案开放鉴定工作，江苏省档案馆对于 4 个全宗的 11 万余件档案，分别利用关键词过滤法和基于语义层次网络的语义分析法进行检测，发现基于语义层次网络的语义分析法相较关键词法，可有效降低关键词技术带来的语义失真，从而减少开放鉴定中的误判、漏判和不准的问题，因此其建设优化了"基于语义分析的档案智能化开放鉴定系统"以优化档案智能开放鉴定工作。此外，可以建立专家知识共享库与审核结果共享库，整合区域内的档案开放智能审核经验，辅助优化智能审核模型，从而提高档案开放智能审核准确性。例如福建省档案馆积极开展前沿技术研究，探索 OCR、语义分析、人工智能等技术辅助档案开放鉴定，研发了利用多级敏感词分类分库和人工智能技术辅助开放鉴定的"基于数字档案的人工智能辅助档案开放鉴定系统"。该系统于 2021 年 12 月全面投入福建省档案馆档案开放鉴定工作，该系统吸收了各阶段档案开放鉴定工作经验，实现了档案开放鉴定全流程在线处理、智能统计分析关键词大数据、按用户需求生成各类报表台账、智慧化人机交互、适应各平台数据对接转化，解决了原来档案开放鉴定工作需要调阅档案实体与各类目录、过程留痕管理缺失等问题，将开放鉴定从"半自动模式"升级为"全智能模式"。❶

（2）加强审核技术的隐私安全性能

鉴于档案开放智能审核高度依赖现代信息技术，档案智能开放鉴定便会伴有人工智能如安全性、隐私性、伦理性等潜在威胁和风险，因此档案服务部门在保障"八防"的基础上，还需要确保智能审核系统所涉及的软件、硬件和网络等完全处于自主可控的状态，并对可能存在的风险做好预案，以确保档案开放智能审

---

❶ 福建省档案局、档案馆项目组. 基于数字档案的人工智能辅助档案开放鉴定系统实现研究［J］. 浙江档案，2022（10）：40–43.

核的安全性。档案服务部门还要积极构建档案开放鉴定系统智能工作流的仲裁机制，这一做法有利于保护人工智能审核工作的隐私性并提升透明度和可靠性。当出现审核争议和冲突时，仲裁机制首先会提交争议到相关人员，当智能工作流对开放鉴定的结果存在异议时，档案开放鉴定管理人员会根据相关法律法规对待确认的档案信息进行二次确认，并找出系统不能正确智能审核的原因，形成开放鉴定知识库，经过不断试用与系统自我学习，后续类似的档案开放鉴定问题则会自动进行判断，其准确性与高效性将会极大提升，这有助于维护系统的透明度和可靠性，并确保智能审核结果的正确性。

7.2.3 提高资源可用性

（1）降低资源可用成本

档案智能开放鉴定涉及系统的构建、资源数字化可视化，其建设应用成本也是不可忽略的问题。一方面，可以将档案开放智能审核与智慧档案馆紧密结合，利用智慧城市与智慧档案馆的力量进行自我赋能。例如2023年8月，上海市静安区档案馆联手上海涵妍档案信息技术有限责任公司，共同启动了"AI + 档案开放鉴定关键技术研究及实践应用"的课题研究，双方合作采取由静安区档案馆提供资源、"涵妍档案"提供系统与资金支持的模式，利用人工智能技术预先筛选的功能，已将约40%的不宜开放档案提前识别，大幅减少了人工审核成本。❶ 另一方面，积极寻求政策扶持以降低开发成本，2023年度国家档案局科技计划项目中有关"AI + 档案开放鉴定"的科技项目共有2项，国家档案局给予政策的方向上指引和资金方面的支持，可在一定程度上降低相关单位开发所需成本。

（2）提升档案资源数字化率与质量

档案数字化是人工智能审核的前提条件，就目前来看，仍有部分地区馆藏档案的数字化率低下，例如，2022年贵州省遵义市全市馆藏档案数字化率仅为39.85%❷；湖北省部分地区档案馆数字化率甚至低于20%❸，低数字化率与低质量

---

❶ 杨林. 数字化战略转型期档案服务业发展取向与演进路径分析［J］. 档案管理，2023（4）：111 – 114.

❷ 遵义市档案馆（市地方志办）办公室陈科. 遵义市四举措提升馆藏档案数字化率［EB/OL］.（2022 – 07 – 28）［2024 – 08 – 25］. https：//daj. zunyi. gov. cn/gzdt/bmdt/202207/t20220728_75830313. html.

❸ 艾海滨，陈杰. 以数字化为抓手深化档案信息化战略转型：湖北部分市县档案馆馆藏档案数字化的调查与思考［J］. 中国档案，2022，（9）：36 – 37.

的档案将严重影响人工智能审核的推进。因此，提升档案数字化率与质量势在必行，在注重提升数字化率的同时，数字化成品质量也必须符合《干部人事档案数字化技术规范》《纸质档案数字化规范》等相关规定，以实现数字化数量与质量的协同提升。

第一，应提供档案数据资源保障。数据是人工智能的"粮食"，档案服务部门要加强档案数据治理工作，为档案开放智能审核提供充足且高质量的档案数据，在训练与优化审核模型之前，选择最具代表性、能够充分体现审核依据的数据资源，并对数据做好深度清洗、规范化与标注等工作。

第二，应提供资金投入保障。档案开放智能审核是一项资金投入较大的工程，档案服务部门除了积极申请财政专项资金支持外，还需要联合社会力量筹措资金，加大研发投入。例如档案馆可以利用课题的形式加大研究投入，确保智能审核系统不断优化和升级，还可以通过建立算力共享中心实现技术平台共享，以此来减少档案开放智能审核的投入，缓解档案机构的资金压力。

7.2.4　强化人才建设

（1）加强专业人才建设，保障人力资源

档案开放智能审核相较于传统审核方式，对人员素质提出了更高的要求，促使相关人员承担新职责、储备新技能、练就新本领，档案服务部应注重培养兼具计算机基础、用户需求分析能力和数据分析能力的复合型档案人才。

第一，对审核人员定期开展相关知识和技能培训，档案开放鉴定工作是档案馆各项基础业务工作中政治性、政策性、专业性较强的工作之一，工作人员需从政治的角度看问题以确保开放档案不会有政治风险。

第二，提升审核人员的意识形态鉴别力，确保开放档案中不会有妨碍公序良俗、影响社会安全稳定等内容出现。

第三，提升工作人员对本馆馆藏内容的熟悉度，同时提升深厚的历史和档案知识，了解馆内各个全宗各个部门的发展历程，熟练掌握开放鉴定的标准和方法。

第四，定期组织档案智能开放鉴定业务培训、交流、研讨等活动，激发档案开放鉴定工作人员的改革与创新活力，不断提高档案开放鉴定人才的能力素质。例如，浙江省档案馆主动打破馆际界限，创新馆际跟班学习的方式，从市县档案馆选拔优秀专业人才参与审核工作，分级分层打造专业人才队伍；长三角地区各省级国家综合档案馆利用长三角地区档案部门全面协同工作机制平台，进行深入的人才培养、标准制定、专家库建设等工作，实现长三角地区档案开放鉴定工作高质量发展。

通过举办上述这些活动宣传档案开放智能审核以提升相关人员的参与意识，同时积极听取并采纳各界建议，抓住一切可利用的资源平台，不断优化和完善具体业务流程，助力档案开放鉴定智能化转型。

（2）更新固有认知理念，积极开展高校、科研院所间合作

人工智能审核逐步推广将给审核业务人员带来新的挑战，例如在数据准备、数据库管理、系统日常运行与维护、人工复核等方面，需要业务人员具备一定的专业知识和技能。

第一，参与审核的人员应消除固有传统、拒新的认知理念，进行新技能的补充学习，否则将严重阻碍人工智能审核的推广运用，而消除部分人员固有的认知，必须让其全面了解人工智能的进步性。例如，"浙里数字档案"重大应用的试点项目之一——上虞区档案馆"档案 AI 辅助开放鉴定"就是一个在更新传统理念的基础上推动数字化成果"一地创新全省共享"的成功案例。❶

第二，档案主管部门应积极与高校、科研院所合作，实行产学研融合，借鉴高校基础理论前沿研究成果并吸收科研院所科技创新成果，开拓档案智能审核工作场景和疆域，赋予其更多能量并转而赋能经济社会发展，与人工智能共舞，与时代共进。引入外脑支撑业务，通过外部专业机构提供的专家咨询服务，以获取专业知识、技能和经验，从而更好解决智能审核内部问题并实现服务目标，同时积极与前沿企业建立合作伙伴关系，实现共赢。

7.2.5 提升算力水平

当前智能开放鉴定在算法、业务逻辑等方面仍有待改善，需进一步提升算力水平强化人工智能审核能力，以满足现实业务对人工智能辅助档案审核的要求。提升算力水平的实践案例有很多，例如，潍坊市档案馆将敏感词全文比对技术应用到档案开放鉴定工作系统中；福建省档案馆研发了利用多级敏感词分类分库和

---

❶ 周友泉，连波，曹军."浙里数字档案"重大应用场景实践："档案 AI 辅助开放鉴定"组件的性能与应用［J］．浙江档案，2022（11）：22–24．

人工智能技术辅助开放鉴定的"基于数字档案的人工智能辅助档案开放鉴定系统";江苏省档案馆和江苏联著实业股份有限公司采用语义工程技术,联合开发了档案智能开放鉴定系统。在国外,葡萄牙国家档案馆对语义档案信息系统建设进行了有益的探索,建立档案著录词汇的数据模型,并构建语义映射和知识图谱用以辅助档案开放鉴定的开展。

尽管国内外都已积极进行了相关成功实践探索,但智能审核算力方面仍有很大提升空间,应从以下方面探索:第一,硬件层面,例如通过改进芯片制造工艺,使用更先进的制程技术,可以提高单芯片的性能;通过创新芯片的架构和微架构,优化计算流程,提升算力。第二,软件和算法层面,在器件、电路、架构和系统层面进行协同优化,提高人工智能芯片的算力;通过优化算法,减少计算复杂度,提高计算效率,可以使用高效的神经网络模型和算法,可以显著提升算力。云服务可为智能开放鉴定注入较高算力的同时,还可搭建共享接口或利用已有服务平台实现档案智能开放鉴定资源的共享,最大程度满足社会对档案利用的需求。

7.2.6 明确开放鉴定目标

审核的目的在于开放利用,而非完成审核任务,档案开放智能审核必须以用户需求为导向,因此,档案服务部门首要任务是依据用户需求设定档案开放智能审核目标。第一,要明确用户需求在档案开放智能审核中的地位,即根据用户利用需求开展和评判档案开放智能审核工作,将是否满足用户利用需求作为衡量该项工作的重要依据。第二,要深入了解用户对档案开放的需求,通过建立反馈机制、开展调研等手段,全面且深入地了解用户需求,明确用户最需要开放的档案内容、形式及具体要求等,为档案开放智能审核工作提供第一手资料,确保档案开放智能审核工作的针对性。同时运用智能技术开展用户利用数据的采集与分析,例如开发"用户行为分析系统",通过智能技术采集和分析用户利用的数据,以更加精准地掌握用户利用档案的需求,进而减轻档案服务部门的工作压力,为档案开放智能审核工作提供更贴近用户真实需求的数据支持。第三,要及时掌握用户利用需求的动态,随着用户需求的不断变化,及时调整和优化档案开放智能审核的思路和方案,确保档案开放智能审核目标始终与用户需求相一致,可以邀请用户参与智能审核规则的制定,不断优化档案开放智能审核工作。